新しい教職教育講座 教職教育編 ⑩

原 清治／春日井敏之／篠原正典／森田真樹 [監修]

# 教育の方法と技術

篠原正典／荒木寿友 [編著]

ミネルヴァ書房

**新しい教職教育講座**

# 監修のことば

　現在，学校教育は大きな転換点，分岐点に立たされているようにみえます。

　見方・考え方の育成を重視する授業への転換，ICT 教育や特別支援教育の拡充，増加する児童生徒のいじめや不登校への適切な指導支援，チーム学校や社会に開かれた教育課程を実現する新しい学校像の模索など。切れ間なく提起される諸政策を一見すると，学校や教師にとって混迷の時代に突入しているようにも感じられます。

　しかし，それは見方を変えれば，教師や学校が築き上げてきた地道な教育実践を土台にしながら，これまでの取組みやボーダーを超え，新たな教育を生み出す可能性を大いに秘めたイノベーティブな時代の到来ともいえるのではないでしょうか。教師の進むべき方向性を見定める正確なマップやコンパスがあれば，学校や教師の新たな地平を拓くことは十分に可能です。

　『新しい教職教育講座』は，教師を目指す学生や若手教員を意識したテキストシリーズであり，主に小中学校を対象とした「教職教育編」全13巻と，小学校を対象とした「教科教育編」全10巻から構成されています。

　世の中に教育，学校，教師に関する膨大な情報が溢れる時代にあって，学生や若手教員が基礎的知識や最新情報を集め整理することは容易ではありません。そこで，本シリーズでは，2017（平成29）年に告示された新学習指導要領や，今後の教員養成で重要な役割を果たす教職課程コアカリキュラムにも対応した基礎的知識や最新事情を，平易な表現でコンパクトに整理することに心がけました。

　また，各巻は，13章程度の構成とし，大学の授業での活用のしやすさに配慮するとともに，学習者の主体的な学びを促す工夫も加えています。難解で複雑な内容をやさしく解説しながら，教職を学ぶ学習者には格好のシリーズとなっています。同時に，経験豊かな教員にとっても，理論と実践をつなげながら，自身の教育実践を問い直し意味づけていくための視点が多く含まれた読み応えのある内容となっています。

　本シリーズが，教育，学校，教職，そして子どもたちの未来と可能性を信じながら，学校の新たな地平を拓いていこうとする教師にとって，今後の方向性を見定めるマップやコンパスとしての役割を果たしていくことができれば幸いです。

監修　原　　清　治（佛教大学）

春日井敏之（立命館大学）

篠　原　正　典（佛教大学）

森　田　真　樹（立命館大学）

# は じ め に

　求められる教育方法と技術は，現在の教育課程のもとで児童生徒に育成すべき学力や能力，そして児童生徒が抱える学習意欲の課題等を前提に考える必要があることから，教育課程，教育社会学，教育心理学など多様な領域にまで視点を広げざるを得ない。また教育方法や技術は普遍・不変ではなく，時代に即して変わる学習指導要領にも影響を受ける。

　学習指導要領の改訂告示が2017（平成29）年になされ，私たちは「何を教えるか」から「何を学ぶか」「何ができるようになるか」といった教育における大きな転換を迎えることになった。それはつまり、従来教師側から語られていた教育を、学習者の視点から捉えていくことを重要視するようになったのである。変動する社会で重要とされる課題発見や解決能力に必要な「思考力・判断力・表現力等」はもちろんのこと，昔から重要視されている「知識・技能」，そして「学びに向かう力・人間性等」という「資質・能力の三本柱」の育成を中心に，「主体的・対話的で深い学び」の実現に向けた授業改善が求められる時代となっている。

　しかし，これらは目新しいものではなく，「思考力・判断力・表現力」は「学ぶ力」であり，「知識・技能」は「学んだ力」，「学びに向かう力」は「学ぼうとする力」である。これらの能力の育成が改めてあるいは継続して重要視されている背景には，その達成を困難にさせる課題が今の学校教育に存在していることを示唆している。学習者の視点を重視するならば，学習者の主体的な学習が成立していることが必要となるが，これにも大きな課題が存在する。特に大学における「大教室で一方的に教授する」という形態は講演であり授業とは言えず、学生の主体性を奪っていることも考えられる。授業の必要条件である教師と学習者との相互作用が存在し，そこに，手順・教具・教材などの方法と教師の教え方（技術）という十分条件が整って授業は成立するのであるが、大

学をはじめとしてその必要十分条件が整っていない場合も多い。

　小・中学校では教師と児童生徒の相互作用は比較的なされてはいるが，そこに教育方法と技術が必要とされる。一般的に行われている「導入」−「展開」−「まとめ」の順に，あるいは仮説実験授業の手順で，さらには学習の動機づけを喚起する理論を組み込む，ICT を活用するといったことは教育方法ではあるが，これらに従って授業を実践しても効果的な授業や学習者が主体となる授業実践ができるものではない。そこには，教師の教え方，指導の仕方，学習支援の仕方といった教師の教育観や力量を含む教育技術が必要となる。このように，教育の方法と技術は切り離せないものである。

　このような背景の中で，本書は教育の方法と技術に関して，小学校，中学校の教員を目指す学生や学校現場の若手の教員が，理論と実践の両面から基礎的事項を理解するための概説書として編集した。大学の教科書として，また読者の主体的な学びに配慮し，各章末に，「学習の課題」や「さらに学びたい人のための図書」を掲載している。

　本書は学習科学，授業設計，授業研究などに関する理論と，授業の質を左右する教師の教育観，知識の定着や主体的な学習，協調的な学習を実践する授業づくり，そして，真の能力を評価する方法や近年の教育界に必要なICT活用，新学習指導要領で小学校に導入されるプログラミング学習など，不易と流行の教育の方法と技術に関する内容を掲載している。本書の学習を通して，教育の方法と技術に関する基本的な知識が獲得されるとともに，何よりも，未来を創り未来を担う子どもたちのために，効果的で柔軟な教育方法の実践が充実する一助となれば幸いである。

　最後に，本書の編集・刊行にあたっては，ミネルヴァ書房の浅井久仁人氏，神谷透氏に細やかなご配慮と多大なご支援をいただき，心より感謝申し上げる。

　　2018年3月

　　　　　　　　　　　　　　　　　　　　　　　編者　篠原正典
　　　　　　　　　　　　　　　　　　　　　　　　　　荒木寿友

# 目　次

はじめに

## 第1章　求められる教育の方法と技術……………………………………1

  **1**　学力の課題 ………………………………………………… 1

  **2**　指導内容・方法の重要性 ……………………………………… 4

  **3**　新学習指導要領で求められる教育方法 ……………………… 12

## 第2章　資質・能力を育む教育と学習科学…………………………22

  **1**　新学習指導要領の捉え方 ……………………………………… 22

  **2**　主体的・対話的で深い学びを支える学習理論 ……………… 25

  **3**　主体的・対話的で深い学びを実現する授業の原則 ………… 29

  **4**　主体的・対話的で深い学びを実現するカリキュラム・マネジメント … 34

## 第3章　インストラクショナルデザイン……………………………40

  **1**　ID とは何か ……………………………………………………… 40

  **2**　出入口を考える ………………………………………………… 44

  **3**　授業方法を考える ……………………………………………… 49

  **4**　実践力を高める手がかり ……………………………………… 53

## 第4章　学習環境デザイン………………………………………………58

  **1**　学習環境をデザインする ……………………………………… 58

  **2**　学習環境デザインの構成要素
    （KDKH：「空間」「道具」「活動」「人」）…………………… 63

  **3**　学習活動のモデル ……………………………………………… 68

  **4**　学びを活性化する4つのガイドライン ……………………… 73

**5** 未来の学習環境デザインに向けて …………………………………… 76

## 第5章　学びを深める授業研究 ……………………………………………… 81

**1** 教師の学びと授業研究 …………………………………………… 81

**2** 授業研究の方法論 ………………………………………………… 83

**3** 授業研究の新しい動向 …………………………………………… 92

**4** 世界に広がる日本の授業研究 …………………………………… 96

## 第6章　基礎的な教育技術とアートとしての教育技術 …………… 100

**1** 教育方法と教育技術 ……………………………………………… 100

**2** 基礎的な教育技術 ………………………………………………… 104

**3** アートとしての教育技術と教師の熟達化 ……………………… 112

## 第7章　知識の理解と定着を図る授業づくり ……………………… 119

**1** 知識の重要性 ……………………………………………………… 119

**2** 理解を深める教育方法 …………………………………………… 126

## 第8章　主体性を引き出す教育方法 ………………………………… 136

**1** 学習者主体の学習とは …………………………………………… 136

**2** 知的好奇心を引き出す授業 ……………………………………… 139

**3** 課題発見解決型学習 ……………………………………………… 146

## 第9章　対話的な学びを育む協調自律学習 ………………………… 153

**1** 求められる学力と対話的な学び ………………………………… 153

**2** 協調自律的な学習の事例 ………………………………………… 156

**3** 協調自律的な学習の設計 ………………………………………… 159

**4** 協調自律学習の評価 ……………………………………………… 164
　　　　──学習指導計画と評価計画の往還

**5** 協調的な学習を設計する教員の学び …………………………… 166

目　次

## 第10章　教授・学習を成立させる教材・教具……………………169

**1**　教授・学習過程と教授メディア ……………………………… 169

**2**　メディア教材の活用 …………………………………………… 175

**3**　教育課題に対応したメディア活用の実践 …………………… 178

## 第11章　ICT を活用した授業づくり ………………………………189

**1**　新学習指導要領と教育の情報化 ……………………………… 189

**2**　ICT を活用した授業づくりの様々な試み …………………… 194

**3**　授業での ICT 活用の課題と展望 …………………………… 202

## 第12章　教育評価………………………………………………………212

**1**　教育評価の基本的な考え方 …………………………………… 212

**2**　目標の明確化と評価方法の設計 ……………………………… 216

**3**　パフォーマンス評価の基本的な考え方と方法 ……………… 220

**4**　パフォーマンス評価が提起する教育評価の新しいパラダイム ……… 223

索　引

# 第1章 求められる教育の方法と技術

### この章で学ぶこと

世界的にまた新学習指導要領でも重要視されている児童生徒の資質・能力について理解し，これらを育成するために求められる教育の方法と技術を考察する。特に，国内の全国学力・学習状況調査の結果から見える児童生徒の学力の課題を把握すると共に，現在多くの学校で行われている授業形態と学力との関係に着目し，形態ではなく，主体的な学習や知識を応用した発展的な学習を実践することの重要性，および資質・能力を育成するための発達の段階に応じた教育方法や柔軟な教育方法の重要性を学ぶ。

## 1 学力の課題

### （1）世界的に求められている能力

教育方法を考える上で，子どもたちに育成すべき能力を考慮する必要がある。社会変動に対応して重要視される能力には多少の変動はあるが，人に求められる基本的な能力，いわゆる不易の能力は存在する。現在は，文部科学省から提示された「確かな学力」として整理された学力の充実に向けた取り組みが，学校教育の課題になっている。また，グローバル化の進展に伴い，世界で求められる能力に大差はなく，それに従い多くの国が未来を担う自国の子どもたちの能力に関心を持ち，国際的な学力調査結果に過敏に影響を受けてきている。これに関して日本も例外ではない。

国際的な学力調査として，IEA（The International Association for the Evaluation of Educational Achievement：国際教育到達度評価学会）により1964年から始まった TIMSS（Trends in International Mathematics and Science Study：国際数学・

I

理科動向調査）は広く知られた調査である。この調査は小学校4年生と中学校2年生を対象として，学校のカリキュラムで学んだ知識や技能等がどの程度習得されているかを評価する国際的な学力調査であり，日本は第1回調査から参加してきた。一方で，OECD（Organization for Economic Cooperation and Development：経済協力開発機構）から，社会に出て知識や技能等を実生活の様々な場面で直面する課題にどの程度活用できるかを評価するPISA（Programme for International Student Assessment：生徒の学習到達度調査）が2000年に出された。OECDは「単なる知識や技能だけでなく，技能や態度を含め様々な心理的・社会的なリソースを活用して，特定の文脈の中で複雑な要求（課題）に対応する力」をコンピテンシーとして定義し，なかでも3つの主要なコンピテンシーをキーコンピテンシーと定義している。それらは，

① 社会・文化的，技術的ツールを相互作用的に活用する能力（個人と社会との相互関係）

② 多様な社会グループにおける人間関係形成能力（自己と他者との相互関係）

③ 自律的に行動する能力（個人の自律性と主体性）

である。これらの能力の中には，知識基盤社会の進展に対応して，複雑な人間関係，急速かつ継続的に進展するテクノロジーなどへの変化対応力，経験から学ぶ力，論理的に考え行動する力なども含まれている。このキーコンピテンシーの定義は，OECDが1997年から組織したプロジェクトであるDeSeCo（Definition and Selection of Competencies：Theoretical and Conceptual Foundations）によって作成され，PISA調査の概念枠組の基本となっている。

　国内では，PISAよりも早く，1989（平成元）年の学習指導要領の中に新しい学力観が登場し，それまでの知識の量を競い合うような競争に陥りがちだった教育の見直しが始まり，子どもたちの関心・意欲・態度や思考力・判断力・表現力の育成と，それらを評価する目標準拠評価への移行が進められてきた。すなわち，学力の概念が近いPISAの学力評価に注目が集まるようになってきた。これは国内だけでなく世界的な傾向でもある。こうして，日本も2000年

から PISA の調査に参加するようになった。2000年の調査では数学的リテラシーは1位，科学的リテラシーは2位，読解力が8位であったが，その後順位を落とし，2006年には数学的リテラシーが10位，科学的リテラシーが6位，読解力が15位という結果になった。この結果は「ゆとり教育」による学力低下を示すものだと社会的な批判を浴びたが，一方で，知識を実生活の中で応用する学習，また特に PISA の読解力が意味する「情報の正確な取り出し」「情報の意味の理解や推論」「自分の考えを根拠に基づいて述べる論理的思考力」が，それまでの学校教育の中では培われていなかった，むしろ教科書でも扱われていなかったこと（田中ほか，2007）が要因だとも考えられる。

### （2）全国学力・学習状況調査から見る学力の課題

　PISA の結果を受けて，また当時，学力低下が問題視されていることから，文部科学省は2007年に，小6，中3を対象とした全国学力・学習状況調査を復活させた。これは，小中学校にとって43年ぶりとなる。このとき，知識力を問うA問題と，PISA を意識した知識活用力を問うB問題を作成して実施してきている。また，学習指導要領では「言語活動の充実」が教育内容の主な改善事項として掲げられ，思考力，判断力，表現力，その他の能力育成が注力されてきた。その甲斐あってか，その後の PISA の順位は上昇傾向を示し，2012年度には数学的リテラシーが7位，科学的リテラシーが4位，読解力が4位，そして2015年度は数学的リテラシー5位，科学的リテラシー2位，読解力8位という結果となっている。しかし，ここをピークとし2018年度は数学的リテラシー6位，科学的リテラシー5位，読解力15位と低下が見られた。特に2015年度，2018年度の読解力の順位低下には様々な要因が複合的に影響していると考えられているが，コンピュータ使用型調査への移行に伴い，尺度化・得点化の方法の変更や，コンピュータ画面上で長文を読解することの不慣れ等が生じたことも要因の一つと考えられている（国立政策研究所，2018）。これらの結果は，新たにコンピュータを活用した指導への対応が課題として見えてきたとも言える。

表 1-1　全国学力テストの正答率

| | 小学校 | | | | 中学校 | | | |
|---|---|---|---|---|---|---|---|---|
| | 国語A | 国語B | 算数A | 算数B | 国語A | 国語B | 数学A | 数学B |
| 平成28年度 | 73.0 | 58.0 | 77.8 | 47.4 | 76.0 | 67.1 | 62.8 | 44.8 |
| 平成27年度 | 70.2 | 65.6 | 75.3 | 45.2 | 76.2 | 66.2 | 65.0 | 42.4 |

出典：平成28年度全国学力・学習状況調査結果。

　全国学力・学習状況調査結果報告の中で学力に関する課題をあげると，表
1-1に示すように，A問題に比べてB問題の正答率が低く，教科書で学習し
た基礎的な知識・技能は習得してきてはいるが，それを目的や意図に応じて活
用し，さらに文章やグラフなどを読み取り，自分の考えを的確な情報を根拠に
して論理的に表現する力に課題が見られている。この全国学力・学習状況調査
結果は PISA の読解力の分析結果にも同様に表れており，PISA の分析でも
「自分の考えを説明すること」などに課題がある，また「複数の課題文の位置
づけ，構成や内容を理解しながら解答することができていない」などと分析さ
れている（国立政策研究所，2015）。これらの学力は学習指導要領で求められて
いる確かな学力であり，それを育成する教育方法に課題があることを示唆して
いる。

## 2　指導内容・方法の重要性

### （1）習熟度別少人数指導と学力との関係

　第1回目の PISA の結果が出て間もない2002年に，当時の文部科学省の遠
山大臣から，それまでの「ゆとり教育」への社会からの批判に対応して，確か
な学力向上のための「学びのすすめ」が出された。その中で，画期的な答申も
なされている。たとえば，① 少人数授業・習熟度別指導など，きめ細かな指
導の実施，② 学習指導要領は最低基準とし，一人一人の個性等に応じて力を
伸ばす発展的な学習の実施，③ 放課後を活用した補充的な学習の実施，④ 朝
読書の推奨，宿題や課題の付与などの策が示されている。

第1章　求められる教育の方法と技術

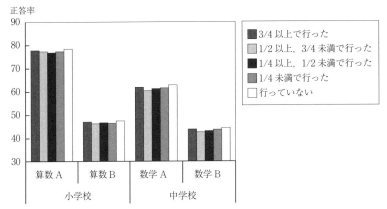

図1-1　算数（数学）の授業において，前年度に，習熟の遅いグループに対して
少人数による指導を行い，習得できるようにした頻度と正答率との関係

　「学びのすすめ」を受け，学校には行政主導による教育改革として，これらの取り組みが導入されてきている。確かな学力は「知識や技能はもちろんのこと，これに加えて，学ぶ意欲や自分で課題を見付け，自ら学び，主体的に判断し，行動し，よりよく問題解決する資質や能力等まで含めたもの」と広範囲な学力を示すものであり，当然，全国学力・学習状況調査結果はこれらの学力を見る指標の一つであることは間違いない。そこで，「学びのすすめ」で提示された施策によって学力がどのように変化したかを見るために，施策の一部と平成28年度の全国学力・学習状況調査結果との関係を調べた。

　図1-1と1-2は算数（数学）の習熟度別少人数指導の実施状況と学力テストの正答率との関係を，調査報告書のデータを基に著者がグラフ化したものである。図1-1，1-2は，それぞれ「前年度に算数（数学）の授業において習熟度の遅いグループに対して少人数による指導を行い，習得できるようにした頻度」，「習熟度の早いグループに対して少人数による指導を行い，発展的な内容を扱った頻度」と，児童生徒の算数（数学）の正答率との関係を示したものである。第1節で述べたように，国語および算数（数学）の正答率は，基礎的な知識を評価するA問題に対して，知識の応用力を評価するB問題の方が低い。この傾向は学力調査の開始時から変わらない。習熟度別指導を実施している学

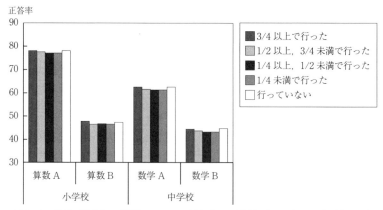

図1-2 算数（数学）の授業において，前年度に，習熟の早いグループに対して少人数による指導を行い，発展的な内容を扱った頻度と正答率との関係

校の割合を本調査結果から見ると，小学校で算数の習熟度の遅いグループに少人数指導を行っている学校の割合は60.6%，習熟度の早いグループに少人数指導を行っている学校の割合は53.7%，一方，中学校での習熟度の遅いグループへの少人数指導を行っている学校の割合は48.5%，習熟度の早いグループに少人数指導を行っている学校の割合は42.3%という状況が示されている（文部科学省，2016）。図1-1，1-2を見ると年間の授業の中で3/4以上行った学校の正答率は，3/4未満で行った学校と比較してわずかに高い（データでは1点以下の差である）。一方，全く行わなかった学校の正答率が3/4以上で行った学校より正答率がわずかに高い。習熟度別指導を肯定的に捉えれば，対象者数が多いことから，統計的にはこのわずかな差でも有意な差として検出される可能性は考えられ，年間の授業の3/4以上行うことが，効果があるという解釈ができる。この結果に近い研究報告はある。井上（2014）は2008年，2009年の全国学力・学習状況調査の鳥取県の小学校データを分析して，年間3/4以上習熟度別少人数指導を実施していることが算数の正答率に有意な結果を与えていると報告している。さらに，習熟度別指導の効果を肯定的に捉えるならば，全く行っていない学校の児童生徒の正答率が高い理由として，これらの学校では，習熟度別指導を行う必要がないほど学力が元々高いため，正答率が高いという解釈が考

えられるかもしれない。しかし，この解釈を裏付ける根拠はない。国内の研究
においては，習熟度別少人数指導の学力に対する効果の解釈は異なり，調査対
象の試験結果によって，また地域によって結果が異なっている状況である。図
1－1，1－2の結果を見る限り，習熟度別少人数指導によって，算数および数
学の正答率の顕著な差は見られないと言えよう。なお，ここには掲載していな
いが，平成27年度の全国学力・学習状況調査の結果でも，図1－1，1－2とほ
とんど変わらない傾向を示している。

　習熟度別あるいは能力別クラス分けは現在でも多くの国で実践されている。
たとえば韓国では水準別教育課程が導入されているが，宋（2005）は水準別教
育課程の実施過程の分析を行い，生徒の学習意欲および学力向上に十分な成果
が挙がっていないと報告している。また，オークス（J. Oakes, 1985）は全米の
小中学校の習熟度別指導による学力調査結果において，習熟度別指導によって
「上位」，「中位」，「下位」のいずれのグループにおいても，学力が向上した例
は見られないと報告している。一方で，正答率への顕著な影響は見られなくて
も，習熟度別少人数指導によって児童生徒の関心・意欲・態度等の向上が見ら
れれば，それは習熟度別指導の効果の一つといえるが，それに関する近年の研
究結果はなく，大規模調査に対する分析が必要といえる。


## （2）ティームティーチングや放課後補充学習と学力との関係

　「学びのすすめ」の中で謳われている「きめ細かな指導」の一つとして，多
くの学校で実践されているものがティームティーチングである。2016（平成28）
年度全国学力・学習状況調査結果によれば，算数（数学）の授業では，小学校
の66.5％，中学校の57.9％の学校がティームティーチングを実践している。
ティームティーチングの実践割合と算数（数学）の正答率との関係を見たもの
が図1－3である。ティームティーチングを多く実践している学校群ほど正答
率が低い結果を示している。一方，図1－4は放課後の補充的な学習サポート
の実施頻度と国語および算数（数学）の正答率との関係を示したものである。
小学校では算数Aでわずかな効果が見られているが，知識の応用力を評価する

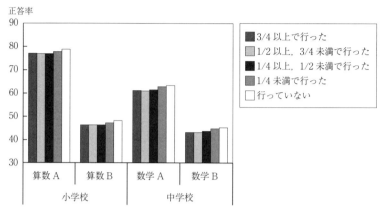

図1-3 算数（数学）の授業において，前年度にティームティーチングによる指導を行った頻度と正答率との関係

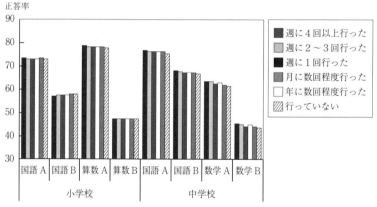

図1-4 児童（生徒）に対して，前年度に放課後を利用した補充的な学習サポートを実施した頻度と正答率との関係

国語Bや算数Bでは学習サポートの無い方が正答率が高い傾向が見える。一方，中学校では国語と数学で学習サポートが多いほど正答率が高い傾向を示す。調査対象の学校数が多いことから，統計的に有意な差として検出されることが起こり得ることも想定されるが，顕著な効果があるとまではいえない。

図1-1，1-2で述べた習熟度別少人数指導においては，習熟度別グループごとに指導方法や内容，そして習熟度に適合した教材作成などが必要とされる

第1章 求められる教育の方法と技術

が，そのような授業が実践されているかどうかは不明である。また，図1-3
で示したティームティーチングの頻度が高いほど正答率が低い要因についても
不明である。ティームティーチングとは，単元等の指導計画を複数の教員間で
検討し，その指導計画に基づいて共同で教材や教具を作成し，終了後に指導内
容の評価を行い，改善点を確認するという指導形態である。しかし，実際には，
教員が出した課題に躓いている子どもや，授業に集中していない子どもたちに，
サブの教員が状況に応じて授業の中で支援する形態が多く取られており，本来
のティームティーチングが十分に機能していない，あるいはその場だけの対応
に終始しているために，その効果が学力への反映までに至っていないことも考
えられる。

　図1-4に示す放課後の補充学習による学習サポートは，地域によっては重
点事業として取り組まれているものでもある。この事業によって児童生徒の生
活習慣や態度の改善，そして学習意欲の向上，学習時間の増加といった効果が
期待できるが（日本システム開発研究所, 2009），学力向上に関しては，図1-4
に示すように，中学校では補充授業頻度が高いほど基礎的および応用的な学力
が若干高くなる傾向を示すものの，小学校では逆の傾向を示すなど，補充学習
の効果は顕著ではない。

### （3）発展的な学習指導と学力との関係

　習熟度別指導やティームティーチングの頻度と正答率との関係以外にも，そ
の他の興味深い結果が，全国学力・学習状況調査で得られている。「補充的な
学習」の指導と「発展的な学習」の指導とで，正答率の傾向が大きく異なる結
果が示されている。図1-5と1-6は，国語の指導において「補充的な学習指
導」と「発展的な学習指導」を行った頻度と正答率との関係を調べたものであ
る。補充的な学習の指導頻度と国語の正答率との関係は顕著ではないが，発展
的な学習においては指導頻度が高いほど正答率が高いという顕著な傾向が見ら
れる。また，「全く行っていない」学校群の正答率に着目すると，「補充的な学
習を全く行っていない」学校群の正答率の方が，「発展的な学習の指導を全く

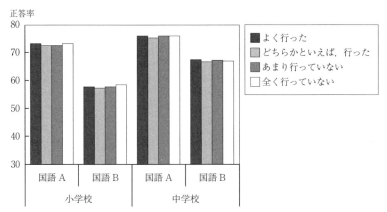

図1-5 国語の指導として、前年度までに補充的な学習の指導を行った頻度と正答率の関係

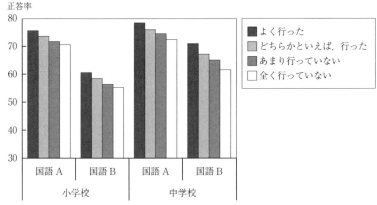

図1-6 国語の指導として、前年度までに発展的な学習の指導を行った頻度と正答率の関係

行っていない」学校群の正答率より高い。前者には、補充的な学習を行っていないけれども発展的な学習を行っている学校が含まれている可能性があり、後者にはその逆の発展的な学習は行っていないが補充的な学習を行っている学校が含まれている可能性がある。すなわち、この結果も発展的な学習を行う学校の正答率が高いことを支持している。ここにはあげていないが、算数(数学)も国語と同様の傾向を示す。発展的な学習指導を行うことが正答率を上げてい

第1章 求められる教育の方法と技術

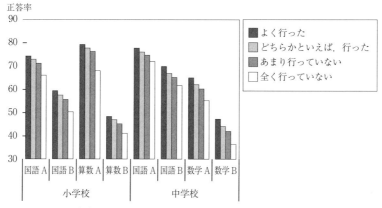

図1-7 前年度までに,授業において,児童(生徒)自ら学級やグループで課題を設定し,その解決に向けて話し合い,まとめ,表現するなどの学習活動を取り入れた頻度と正答率の関係

る理由は明確ではないが,発展的な学習は単に上位層の子どもたち向けの難しい学習というのではなく,内容が高度化する一方で,そこから生まれる面白さや新鮮さを感じたり,あるいは発展的な学習を行うことにより,それまで行ってきた学習内容が理解しやすくなるといったことが生じたりして,下位層の児童生徒も学習への興味を抱くとも考えられる。この発展的学習の効果に関しては,今後の研究が待たれる。

(4) 学習者の主体的学習や指導方法の改善と学力との関係

さらに,もう2件の学習活動や指導方法と学力との関係を見てみる。図1-7は子どもたちに課題設定をさせ,解決に向けた話し合い,まとめ,表現するといった学習者主体の活動の導入頻度と正答率との関係,図1-8は知識の習得・活用,さらに学習過程を見通して指導方法の改善及び工夫を行った頻度と正答率との関係を示したものである。主体的な学習を実践している学校群ほど児童生徒の正答率は高い傾向を明確に示し,指導方法の改善や工夫を行っている学校群ほど正答率が高い傾向にあることがわかる。

本節で述べた習熟度別少人数指導,ティームティーチング,放課後の補充学

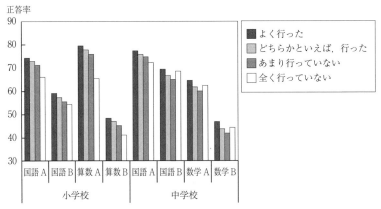

図1-8 前年度までに，習得・活用及び探求の学習過程を見通した
指導方法の改善及び工夫をしたか

習の実践などは，本来，その効果が期待できる指導形態として導入されたものと考えられる。しかし，これまで述べたように，基礎知識の習得および知識を活用した学力には顕著な影響を与えていないことから，その効果を引き出せない運用にとどまっている，すなわち，形式的な形態の導入にとどまり，本質的な変革に結び付いていない実態が推測される。導入から15年を経た今，これらの指導および学習方法の見直しが必要，延いては形態の見直しが必要とされている時期だともいえる。一方で，学習者主体の活動，指導方法の改善や工夫，発展的な学習指導など，教育方法・内容，指導方法・内容を変えることは，学力の向上につながることがわかる。重要なことは，授業形態や指導形態といった形態の導入や改編ではなく，教育（指導）の方法・内容の改革や工夫であるといえる。

## 3　新学習指導要領で求められる教育方法

### （1）新学習指導要領の改訂ポイント

　2014（平成26）年11月の中央教育審議会からの諮問を受け，新しい学習指導要領が平成29年度に周知・徹底がなされ，小学校では2018（平成30）年度から

第1章　求められる教育の方法と技術

の移行期間を経て2020（平成32）年度に全面実施される。中学校は2020年度末までの移行期間を経て2021年度から，高等学校は2022年度から年次進行で実施される。文部科学省から出されている新学習指導要領の中では，知識・技能の習得と思考力，判断力，表現力等の育成バランスを重視する現行の学習指導要領の枠組みや教育内容を維持した上で，知識の理解の質をさらに高め，確かな学力を育成することが求められている。

　小中学校では，これまでと全く異なる指導方法を導入する必要はなく，これまでの教育実践の蓄積に基づく授業改善の活性化により，子どもたちの知識理解の質の向上を図り，「何のために学ぶのか」「何ができるようになるか」，すなわち学習の意義を社会と共有しながら，これからの時代に求められる資質・能力を実際の各教科等で実現していくことが求められる。これからの社会で求められる資質・能力とは，現在でもまたこれまでも重要視されている言語能力，情報活用能力，論理的思考を含む問題発見・解決能力，コミュニケーション能力，創造力，自己表現力，人間性等であるといえる。そのため，各教科で，①どのような知識及び技能を育成するのかを明確にし，②それらを応用して探究活動などを通して考えさせたり，表現させたりして思考力，判断力，表現力，あるいは課題発見・解決能力等の育成を図り，③さらに探求する学びに向かう力や子どもたちの態度・行動・考え方などの人間性を育成することが重視されている。この3本の柱を軸として各教科が整理され，それぞれの柱が偏りなく実現されるよう授業改善を行うことが必要とされている。これまで，教員の一方的な授業の実践が行われているとするならば，3本の柱に偏りがあることになる。そこで，②および③の柱を実践するために，子どもたちが主体的・対話的に学習することにより，深い学びになるように授業を改善することが求められているのである。

　また，学習の基盤となるこれらの資質・能力に加え，現代的な諸課題に対応して求められる資質・能力が必要とされることもある。こうした資質・能力を育成するためには，一つの教科だけではなく，教科横断的な学習を充実させる必要が出てくる。知識基盤社会では出現する課題は複雑化しており，学校の一

つの科目だけに関連する内容ではないことから，教科を横断して取り扱うべき
ものであることは容易に想定できる。これを実現するには，学校全体として各
教科等の教育内容を相互の関係で捉え，学校教育目標を踏まえた教科横断的な
視点で，その目標の達成に必要な教育の内容を組織的に配列していくこと，す
なわちカリキュラム・マネジメントを各学校で確立することが求められている。
たとえば，社会で学習する内容を算数・数学とリンクさせる，あるいは各教科
の学習を総合的な学習に生かしたり，逆に総合的な学習の時間の学習を教科の
学習に生かしたりするなど，教科横断的な学習ができるようにカリキュラムを
管理することが求められる。

### （2）資質・能力を育成する教育方法

　前節で述べたように，必要とされる資質・能力の3本柱の一つである知識・
技能は教員が教えて育成できるものもあるが，残りの2本の柱である思考力，
判断力，表現力等，そして，学びに向かう力や人間性等は教授して培われるも
のではない。たとえば，自転車に初めて乗れるようにする，あるいは泳げるよ
うにするのと同じようなものである。知識を与えただけでは難しく，これらの
能力は学習者が主体的に学ぼうとしない限り培われないものである。主体的な
学びが必要な理由はここにある。しかし，主体的とは児童生徒に「好きなよう
に」任せることではない。学習を児童生徒任せにすると，学びの楽しさを知ら
ない児童生徒は主体的に学ぼうとはしない。児童生徒の中には「わからない」
ことに魅力を感じ，わかろうとする学習意欲が高い子どももいるが，「わから
ない」状況に陥ると興味や関心が失せ，学習に主体的にならないのが一般的で
ある。こういった児童生徒までも主体的に学習する方向に誘導することが，教
員に求められる能力であり教育方法・技術である。

　求められる教育の方法と技術を考えてみよう。授業の中で，教員は一部ので
きる子どもたちの発言や反応からクラス全体が理解しているという錯覚を捨て，
難しい実践ではあるが，全ての子どもたちが「できる」もしくは「わかる」感
覚が持てるようにすることに配意すべきである。このとき，「わかる」ことと

第1章　求められる教育の方法と技術

「できる」こととは異なることから，教科や単元によって両方の感覚を相互に繰り返して持たせることが必要となる。たとえば，数学の公式の使い方がわかって，文章問題が解ける（できる）ようになるが，さらに改めてその公式の意味がわかるようになると，その知識を他への応用に転移できる。意味を十分に理解していなくても，単に記憶しているだけでも解ける問題がある，これは「できる」状況ではあるが「わかっていない」状況であるため，応用がきかない。記憶力と応用力，さらには新しい知識として構築する創造力を培うためには，児童生徒が「できる」と「わかる」をスパイラル状に繰り返し，思考を深めていくことが望ましい。

　新学習指導要領では「深い学び」が重視されているが，深い学びに必要となるのは考える力であり，考えるためにはそれに必要な知識・技能が備わっていなければならない。もちろん，「学ぶ力」があれば，主体的に新たに必要な知識・技能を見極め，それらを自ら習得することはできるが，児童生徒にその力が十分であるかというと，必ずしもそうではない。授業の中で児童生徒の既有知識を確認し，足りなければ必要な知識を習得させ，考えさせるに十分だと判断できれば，全ての教科の中で児童生徒に考えさせる，判断させる，表現させる機会を与えるようにする。たとえば，国語の時間に文章を要約させ，他者にその内容を説明させる機会を与える，算数（数学）では公式に基づいて計算するだけではなく，式の意味を考えさせる，理科では第7章で述べる仮説実験授業のように，仮説を立てさせ，その理由を根拠と共に説明させるなど，多くの場で児童生徒に主体的に学習に参加させることはできる。PISA 問題や全国学力テストのB問題の正答率が低いことからわかるように，児童生徒に知識の応用力を育成することが重要である。そのためには教科書に書かれた内容や問題だけでなく，図1-6で示したように，異なる見方，考え方を組み入れた発展的な学習を組み込む工夫が求められる。そのとき，重要なことは，教員は児童生徒が興味や楽しみを持て，考えれば解答できる内容を提示できる教育技術を持つことである。

　新学習指導要領のなかで資質・能力の育成において重要視されている「知識

の質をさらに高める」ためには，① 知識・技能の習得，② それらの活用（思考力等の育成），③ さらなる課題や疑問などへの探求（深い学び），④ 習得した知識や技能の他の学習における利用（転移による知識の定着）といった学習サイクルが効果的である。学習サイクルは単元内といった短期だけでなく，複数の単元間あるいは科目間を横断する長期のサイクルがあり，短期と長期のそれぞれにおいて「何ができるようになるか」，そして，それができることによって，どのような意義や価値があるかを児童生徒と共有できることが求められている。

## （3）発達の段階に応じた教育方法

　大人は自分が子どもだったころの思考を忘れがちである。また，社会環境や家庭環境，学習環境が変わってきたことから，児童生徒自身の思考も変化し，今の大人が子どもだったころの思考ともズレが生じてきている。教員は児童生徒に対して，「なぜ，これがわからないのか」，「何度言ったらわかるのか」，「いったいどこがわからないのかがわからない」などの感情をもった経験があるだろう。しかし，これらの状態に置かれた児童生徒の思考は教員にシグナルを出していると捉え，教員自身もステレオタイプの教え方に終始していないか，単にできるようになるための解法を教えているにすぎないのではないか，児童生徒に理解させるために必要な真の理解が自分自身できていないのではないかなど，改めて自省が必要である。学習指導要領では，児童生徒の発達の段階を考慮した言語能力，情報活用能力，問題発見・解決能力等の育成が重要だと謳われており，教員にも発達の段階に応じた教育方法を実践することが求められている。発達の段階とは学年差だけでなく，個人差があり，思考力・判断力・表現力等の基盤となる言語能力の育成にあたって，中央教育審議会答申（2008，24-25頁）のなかで，発達の段階で考慮して考える必要がある項目があげられている。これらに関して，考慮すべき教育方法を，事例を交えて以下に示す。

## ○具体と抽象

　算数では1個，1本と数えられる具体的なものから1や2といった数字とい

う抽象的なもので表し，その後数字をアルファベットで表記するといったさらに抽象化したものに変わっていく。具体的なものであっても，たとえば，丸いケーキを6分の1にカットしたケーキが皿の上に置かれていたとき，それをケーキが1個皿の上にあるとは表現しても，6分の1個あると数える児童生徒はおそらくいない。「リンゴ1個とみかん1個を足すといくつになるか」と問われても，リンゴとみかんは足し算できないと答えるかもしれない。このように具体物で考える際にも予想外の思考があり，ましてや数学の負の数や虚数など現実に存在しないものをわかるように説明する場合，生徒の既有知識を基準に教えなくては，生徒は理解できない。

## ○感覚と論理

小学校低学年では，たとえば国語の「読み方」では，児童の「感覚」を重視し，感じたことをみんなで「共感」する授業が広く行われている。発達が進むと感覚的な考え方から，「なぜそのように感じたのか」さらには，「なぜそれが正しいと言えるのか」といった論理的な思考を培う必要がある。みんなと同じ意見に共感する姿勢が，自身の考えを表現しそれを論理的な根拠に基づいて説明するという思考への移行の壁となることもある。低学年では感想文を書かせることでよかったが，高学年では小論文の書き方を習得させ，それらの違いを意識できるようにすることが必要となってくる。

## ○事実と意見

「この本の中に書かれていることは何ですか」「書かれていることに対してあなたはどのように思いますか」という質問を考えると，前者は「事実」を尋ねているが，後者は「事実」を基に「意見」を尋ねている。後者は発達段階が進んだ子どもへの質問である。インターネット上に膨大な情報が掲載されている現代では，何が事実で何が意見なのか，あるいは何が真実で何が虚偽なのかを見極める力が必要となってくる。これが求められている情報活用能力でもある。新聞記事でも事実はもちろんのこと記者の意見も書かれている。それらを利用

して，「事実」と「意見」さらには「事実の正誤」について考えさせる教育方
法が重要となる。

## ○基礎と応用

　知識を深く理解するためには系統的な学習が必要となる。国語でもやさしい
漢字や表現から，それらを応用した文章理解へと進む，算数でも整数から小数
や分数，一次方程式から二次方程式といったように，発達段階に応じて，簡単
なものから複雑なものを学ばせる。系統的な学習は特に科学技術領域での学習
の仕方として取り上げられてきてはいるが，社会科学習であっても，たとえば，
自分が住んでいる地域の学習から日本国の学習，そして海外の学習といった流
れでカリキュラムが構成されている。基礎から応用を学ばせていくというのが
これまでの考え方であり，この流れは正しいとは思うが，第2節(3)で述べた
ように，発展的な学習が基礎的な学力の向上にも効果があることから，発展的
すなわち応用的な学習を導入する，またカリキュラム・マネジメントにより，
教科横断的な指導計画に基づく教育方法が重要となる。

## ○習得と活用・探求

　これまで，テストに解答するために覚えた知識が重視されていたが，覚えた
だけの知識はその重要性が認識されずに，習得されずに直ぐに忘れられてしま
う。発達段階が低い時は記憶による知識や技能の習得でよいが，知識を定着さ
せるには発達段階が上がるに従って，活用や探求活動を導入する必要がある。
たとえば，算数の割合の計算方法を知識として習得させた後，現実に即した利
子で購入したときに支払う利息を計算させる，公民で為替の考え方を知識とし
て理解させた後，円安，円高の時に海外旅行に行った時のお土産代を計算させ
る，理科で習う「ファラデーの法則の電磁誘導」が，現在使われているIC
カードに応用されているといった，社会で役立つ知識として深めていく教育方
法が求められている。

## （ 4 ） 柔軟な教育方法

　自分が考えた授業案に即して授業を進めていくことに注力し，目標とする内容を伝え終わったら，それに満足する教員が存在する。伝えたことで児童生徒に伝わったと思い込んでいる教員は「這い回る授業」，すなわち表層的な授業を行っていることに気付く必要がある。このような授業の中では，教員はできる子どもからの発言を期待し，授業シナリオと異なる質問や答えられない質問などが出てくると，場合によっては児童生徒の発言を無視しかねない。児童生徒の発言ほど重要なものはない。新学習指導要領では「何を教えるか」ではなく「何ができるようになるか」ということ，すなわち児童生徒の視点から学習を捉えることが重視されている。「できるようになる」ことを明確にすれば，そのために「何をどのように学ぶか」，すなわち，そこに到達する学習の流れは様々であってもよい。児童生徒の振る舞いは予測できないかもしれないが，その場に対応した柔軟な授業ができることが望ましい。

　児童生徒，特に小学校の低学年児童は教員に言われたことに従順に従う傾向がある。ノートに写す内容や書式など教員が黒板に書いたそのままを書き写す傾向がある。一方で，教員は教科書を使って教科書に書かれた内容に従って授業を進める。そうすると，たとえば教科書と違う表現や図表などが出てくると，児童生徒がそれに対応できない状況になる。第1節で述べた全国学力・学習状況調査のB問題の正答率が低い結果や，一方で，既習事項の補充的な学習に比べて発展的な学習の方が正答率が高い結果を示していることから示唆されるように，教員は教科書をそのまま教えるのではなく，応用的な視点を柔軟に取り入れた方法を実践できるようになることが望ましい。

　2020年の電子教科書の導入が計画されている中で，多くの諸外国で使われているICTを授業で道具として使いこなせるようになる必要がある。ICTを使わなくても授業ができることに反論しないが，より効果的な授業実践ができることはこれまでも膨大な授業実践が証明している（本書第12章を参照）。また，2015年度のPISA調査がコンピュータ使用型調査へ全面移行したことからも，ICT活用技術を使えることは「読み，書き，計算」と同様，今や世界の基礎

的な能力に位置付けられているといえる。このような情報基盤社会では，教員は ICT を使った教育方法が実践できなければならないことを自覚する必要がある。様々な教具を使う場合に不具合が生じることがあり，とくに ICT 活用はそれに該当するかもしれない。その際に，「予定していたことができなくて授業が成り立たなかった」と考えるのではなく，不具合が生じたときに，それを使わなくても目的を達成できる柔軟な教育方法を実践できることが必要となる。

### 参考文献

井上敦（2014）「習熟度別少人数指導が学力に与える効果について――鳥取県の小学校別データを用いた分析」政策研究大学院大学　教育政策プログラム。

国立政策研究所（2015）「OECD 生徒の学習到達度調査（PISA 2015）」
http://www.nier.go.jp/kokusai/pisa/index.html#PISA2015

国立政策研究所（2018）「OECD 生徒の学習到達度調査2018年調査（PISA 2018）のポイント」
https://www.nier.go.jp/kokusai/pisa/pdf/2018/01_point.pdf

宋美蘭（2005）「韓国の「国民共通基本教育課程」における『水準別教育課程』の実施過程分析：「平準化地域」と「非平準化地域」の教育庁における実施過程の事例分析」『北海道大学大学院教育学研究科紀要』96，275〜299頁。

田中裕人・黒木哲徳（2007）「PISA 調査からみた算数・数学の教科書の調査研究――PISA 型の数学的リテラシー向上を目指す授業改善のために」『福井大学教育実践研究』32号，7〜15頁。

中央教育審議会（2008）「幼稚園，小学校，中学校，高等学校及び特別支援学校の学習指導要領等の改善について（答申）」。
http://www.mext.go.jp/component/b_menu/shingi/toushin/__icsFiles/afieldfile/2016/12/27/1380902_1.pdf

日本システム開発研究所（2009）「放課後子ども教室における学習支援の取り組みに関する実態調査報告書」
http://manabi-mirai.mext.go.jp/assets/files/shared/pdf_old/1-1-06-01.pdf

文部科学省（2016）「平成28年度全国学力・学習状況調査報告書」。

Jeannie Oakes (1995) *Keeping Track : How Schools Structure Equality,* Yale University Press.

第1章　求められる教育の方法と技術

> **学習の課題**
>
> (1)　PISA 問題や全国学力・学習状況調査の問題Bの正答率が低いことから，基礎的な知識を応用・実践する力が弱いという課題が見られる。これらの学力を育成するために，どのような教育方法・技術を用いればよいか考えよう。
> (2)　学習者の視点から学習を捉えることが重要となっている。一方で多様な児童生徒が存在するなかで，どのような考え方の教育方法が求められるかについて整理してみよう。

【さらに学びたい人のための図書】

奈須正裕（2017）『資質・能力と学びのメカニズム』東洋館出版社。
　　⇨新学習指導要領の改訂の背景，求められる「資質・能力」を基盤として教育について詳しくまとめられている。
秋田喜代美（2012）『学びの心理学——授業をデザインする』左右社。
　　⇨子どもたちと一緒に教員が相互に学ぶ視点から捉えた授業デザインが書かれている。心理学の視点から学校教育を捉えた非常にわかりやすい書籍である。
田中耕治ほか（2012）『新しい時代の教育方法』有斐閣アルマ。
　　⇨教育方法と教育思想の歴史，授業実践を構想・展開・評価するための仕組みや工夫，そして教育実践を行う教員像など，教育方法の学問としての魅力が書かれている。

（篠原正典）

| 第2章 | 資質・能力を育む教育と学習科学 |

### この章で学ぶこと

2020年度より順次実施される新学習指導要領では，新しい時代に必要となる資質・能力の育成と学習評価の充実が求められている。今回の改訂の背景には，学習科学のこれまで培われた「知識」と「学習」に関する科学的知見も数多く取り入れられている。本章では，児童生徒の資質・能力を育む教育課程や授業を実現していくために，1. 新学習指導要領の捉え方，2. 主体的・対話的で深い学びを支える学習理論，3. 主体的・対話的で深い学びを実現する授業の原則，4. 主体的・対話的で深い学びを実現するカリキュラム・マネジメント，について学習科学の研究知見（三宅・三宅 2014；白水・三宅・益川 2014；大島・益川 2016）に基づきながら検討する。

## 1　新学習指導要領の捉え方

### （1）授業改善を続ける教師と教師コミュニティ

最初に結論を述べると，教師一人ひとりが新学習指導要領に対応した授業を実現していくために必要な活動とは，各授業において児童生徒が主体的・対話的で深い学びを実現していたかどうか学習の過程や成果を丁寧に見取るような評価を行い，次の授業の改善に活かすサイクルを確立することである。また，そのサイクルを教員一人で行うのではなく，学校内もしくは学校を超えて，教員仲間とともに児童生徒の学びのすがたを情報交換していくような，教師コミュニティを構築していくことが大事である。

なぜならば，「このやり方で授業をすればすべてうまくいく」という正解となる授業は存在しないからである。児童生徒は何かを学ぶとき，基本的には，

その授業の開始時点でもっているその子なりの知識・技能の上にしか積み上げていくことしかできない。そのため，教師も目の前の児童生徒の「今ここ」の状態を基準にして授業設計していく必要があるからである。また，目の前の児童生徒に学んでほしいと願っている教科領域，単元内容，授業の目標や内容を，児童生徒一人ひとり異なる知識・技能を出発点として，その知識・技能とどう関連付け各自なりに納得して理解を構成してもらえるか，という視点で授業を設計する必要があるからである。

　ただし，「人が上手く学ぶための条件」という，すべての人に共通する学習メカニズムは存在するため，授業をデザインする際「良い授業」につながるデザイン原則は存在する。それは，児童生徒が一人ひとりなりにもっている資質・能力を使いながら学ぶことである。そのような学習を引き起こすことができるような学習環境を教師がデザインし準備することで，主体的・対話的で深い学びを実現することができる。そのため，教師一人ひとりが「人が上手く学ぶための条件」を把握した上で授業設計のデザイン原則を共有しながら，実際の授業で起きた児童生徒の学習の過程や成果に関する学習記録を基に対話することが，授業を継続的に改善しつづけ向上し続けることにつながる。

## （2）学習指導要領改訂の学習観

　新学習指導要領が「新しい時代に必要となる資質・能力の育成と学習評価の充実」を求めている背景には，すべての人が今よりも知力をもつことが求められている社会になっている点と，そのような知力をもつために必要な学習や知識に関する科学的知見が蓄積された点が挙げられる。

　最初の点は，現代の知識基盤社会が今後さらに発展していくのは間違いなく，その中で新たな知識を創造し続ける力が求められているからといわれている。それは加速度的に科学技術が発展していく社会に貢献するという側面と，解決しなければならない課題が増え続けているという側面と両面ある。また，人工知能やロボットの登場によって人の仕事が奪われるという話もあるが，学習科学の視点から考えると，人の苦手な繰り返し等のルーチン作業は機械に任せ，

人が本来得意な資質・能力を発揮して豊かに思考し行動する仕事が求められる社会になってきたともいえるだろう。

もう1点は，テクノロジーの発達によって従来記録することが難しかった学習プロセスを記録・分析できるようになったことで学習研究・授業研究が進展し，学習や知識に関する科学的知見が蓄積されてきたことである。たとえば学習科学の研究領域では，さまざまな学習理論を活用した授業実践とその評価を通して，人の知識は社会的に構成されるものであると同時に，人はもっている資質・能力を使いながら学んでいったほうが深く学べることが明らかになってきている。

このような背景を踏まえ，教育課程を通して実現していくべき児童生徒の学びのゴールは，「さまざまな事柄や事実」を「正確に覚えているか」ではなく，一人ひとりなりに学んだことを生かして「新しい知識・価値・考え」を「創り出すことができるか」が重要となる。児童生徒自身が知識や価値，考えを創り出していくような経験を教育課程全体で，各教科の中で数多く積ませていくことが欠かせない。また同時に，学習評価の視点も「覚えているかどうか」から「創り出すことができるかどうか」に変えていく必要がある。

2017年3月末に小学校と中学校の新学習指導要領が告示された。その基となる中央教育審議会答申「審議のまとめ」は2016年12月に出されているが，その答申の中身を見ると，新学習指導要領の総則よりも「主体的・対話的で深い学び」の学習過程を通して育みたい学力の3要素について，より具体的に焦点化した文言で次のように表現している。

- 生きて働く知識・技能の習得
- 未知の状況にも対応できる思考力・判断力・表現力等の育成
- 学びを人生や社会に生かそうとする学びに向かう力・人間性の涵養

これら表現を読み解いていくと，求められている資質・能力の育成レベルが垣間見えてくる。知識・技能の習得とは，覚えたことを単に暗記や直接的活用

を問うようなテスト場面で再生できるレベルを習得とは呼んでいない。生きて働く，すなわち，授業や学校の外で必要な時に活用可能な知識・技能の状態として習得することが最低限必要だということだろう。学習科学では生きて働く知識・技能を，将来必要になる場所と時間までもって行くことができ（可搬性），必要になった時に頼りになって安心して使え（活用可能性），いつでも修正可能であることを含めて発展的に持続し続ける（持続可能性）状態にあるような，活性化された状態の知識・技能として習得していくことが大事だとしている。

　思考力・判断力・表現力等の育成とは，思考力・判断力・表現力等の方法を教えてから振る舞わせるというレベルでは育成につながらない。教師が生徒自ら思考力・判断力・表現力等を発揮しながら知識・技能を習得したくなる学習場面を設定し，その学習場面で児童生徒自身，思考力・判断力・表現力等を発揮することで知識・技能を習得できて良かったと認識できることが，将来，未知の状況にも対応できる能力として育まれていくだろう。

　そして，学びに向かう力・人間性の涵養のためには，各教科等を含む教育課程を通して学んだ学び方そのものが，人生や社会に生かすことにつながる必要がある。そのため，一方的に知識・技能を教授するような授業ばかりでは，児童生徒自身が学ぶ必要が起きた時にどのように学べばいいのか自体を学ぶことには繋がらない。各教科等において，主体的・対話的な活動を通して「深い学び」に到達するような経験を数多く積んでおくことが，将来も必要に応じてその学び方を使いながら，より良い生涯を過ごしてくことにつながるだろう。

### 2 主体的・対話的で深い学びを支える学習理論

**（1）人の知識構成過程**

　「深い学び」に関する科学的知見は，これまでの認知科学や認知心理学，発達心理学等の研究成果を基盤に，学習科学の研究領域で実践的に検証されている。学習科学の研究領域では「知識は社会的に構成されるもの」という社会的構成主義の考え方が根底にある。波多野（Hatano 1996）は，人の知識構成プロ

セスの特徴を以下のようにまとめている。

1. 知識とは基本的に個々人が能動的に構成する。
2. 各自の先行知識の制約の上に構成される。
3. 知識の構成過程は，領域依存で生得的な内的制約によって方向付けられる。
4. 人の理解活動は社会的対人的な文脈に依存した形で行われる。
5. 人は一度構成した知識をさらに深めたり修正したりするような再構築活動は自然には起こりにくい。

　知識をもつということは，近い将来から遠い将来まで予測の精度を高め，自分自身よりよく行動するために必要なものだともいわれている。そのため，知識とは基本的には学習者自身によってしか構成し得ないものであり，また，その知識はその学習者自身がもっている既有知識につなげる形でしか構成することができない。これは，同じ教室で同じ内容を学んでいても，子どもたち一人ひとりの知識の構成のすがたは異なることを示している。

　そして，進化の過程で獲得されたゆるやかな制約によって方向づけられる形で，数の概念や物の区別など，生まれた瞬間から世の中のさまざまなことを能動的に学んでゆく。そのとき学び手は「学び」に関わるさまざまな「力」である，思考力・判断力・表現力等を発揮しつつ将来に役に立つ活用可能な形で知識を構成していく。そこでは，単なる経験の蓄積や情報のコピーではなく，将来利用可能な知識として整理されて概念化するような形で知識・技能を習得していく。またある特定領域が概念化され習得されることによって，その特定領域がより学びやすくなる。新しいことを学ぶ際には，自分がよく知っている領域の方が，その知っている既有知識に対してつなげやすいからである。

　また，人は集団行動を基本とする社会的な種である。そのため，さまざまな資質・能力の発揮は，社会的対人的な文脈に依存した形で行われる。どのような社会文化の中で何が望まれているのか，誰にどのような学習過程や成果が期

待されているのかといった社会文化に依存する形で，社会的動機づけの影響を受ける形で，学習内容や学習方法が方向付けられていく。

　そして最後の「人は一度構成した知識をさらに深めたり修正したりするような再構築活動は自然には起こりにくい」という特徴は，学習をより深い学びに向かわせるための支援として重要なポイントでもある。人は一度「わかったつもり」になると，その知識をさらに深めたり修正したりするような再構築活動は自然には起こりにくい，という側面がある。そのため，構成した知識が浅かったり間違ったりしていた場合でも学習者本人は気づかない。そこで重要となるのは，構成した知識を見直すきっかけを生む他者の存在である。学習者が他者に対して「ことば」でわかったつもりのことを話すことで，多くは上手く伝えることができず，自己の理解を吟味することにつながる。それがより深い説明を構成しようとする理解を深める「疑問」や「問い」を生むことにつながる。これはすべての人がもつ学習メカニズムである「建設的相互作用」が駆動することを意味する。

## （2）建設的相互作用

　学習者が他者とのやりとりを通して「わかったつもり」からさらに理解を深める過程が「建設的相互作用」である。その仕組を解明した有名な研究として三宅（1988）の「ミシンはどうして縫えるのか？」という「問い」の解をさぐる大学院生ペアの話し合い過程の分析がある。

　詳細に発話を分析した結果，理解にはレベルがあり，そのレベルが深まるきっかけは，本人の中で「わかった」状態から「わからない」状態へ変わることであった。そして，その状態変化を引き起こしているのは，他者の異なる視点からの新たな質問（問い）であった。2人の大学院生は，話し合い当初理解のレベルは異なっていた。しかし，そのレベルの違いにかかわらず，よりレベルの浅い院生B氏が，レベルの深い院生A氏に対して質問をすることで，レベルの深いA氏自身「わからない」状態が見つかり，さらに検討を進めることで理解が深まるということが起きた。またA氏の指摘に対してB氏の理解が深ま

ることも起きた。このように，わかっている人がわかっていない人に一方的に
教えることが，理解を深める訳ではなく，他者による質問によって，自分の理
解状態に対して新たな「問い」を生み，それぞれなりに理解を深めていったの
である。

　人は一度「わかった」つもりになるとそれ以上深めようとしないが，他者と
の相互作用によって次の「問い」や「疑問」になる「わからない」が生まれ，
継続的に知識構成活動が続いていった。建設的相互作用とは，共有した「問
い」に対して，その場に参加した人が参加する前と後とで考え方を建設的と呼
べる方向で個々人なりに変化させていく過程だといえる。

### （3）定型的熟達者と適応的熟達者

　建設的相互作用を通して知識が何度も再構造化され理解レベルが深まってい
くような質の高い知識構成，すなわち「深い学び」によって，その知識領域に
依存する形で「熟達化」が進んでいく。波多野らは，熟達者を，ある一定の慣
れ親しんだ型の問題を素早く解くことができる「定型的熟達者」と，新奇の場
面に遭遇した時に，知識や技能を柔軟に組み替えて適用でき，常に向上を目指
す「適応的熟達者」とに分けることができるとしている。定型的熟達者は一見
効率が良さそうに見えるが，決まった状況や文脈の中でしか力を発揮すること
ができない。一方，適応的熟達者は，どのような場面でも自分がもつ知識や技
能を組み替えて活用することができる。生きて働く知識・技能をはじめとした
資質・能力を育むこととは，学んだことがそのままでしか使うことができない
定型的熟達者ではなく，適応的熟達者を育むことであろう。そのように考える
と，学んだかどうかを評価するには，直接的に学んだことができるかどうかで
はなく，学んだことを生かすことができるかどうかが大事になってくるだろう。
では，どのような学習環境であれば，適応的熟達者として育まれていくのだろ
うか。適応的熟達者になるための環境の条件として，次の4つを提案している。

　1．絶えず新奇な問題に遭遇すること

第2章　資質・能力を育む教育と学習科学

2．対話的な相互作用に従事すること

3．緊急な（切迫した）外的必要性から開放されていること

4．理解を重視する集団に所属していること

　第1の条件は，既有知識に基づいて作られた学習者の予測が裏切られるような新奇の現象に頻繁に出会うことで，もっている知識の適用可能性の見直しや，新たに知識を構成したくなるような，その先の学びを動機づける。第2の対話的な相互作用は，他者に自分のアイディアを伝える過程や，相手を納得させたりする過程において，「自身の理解の不十分さの認識」「自身の理解度を詳しく分析する」「自身の考えを整理しまとめる」「多様な異なる視点から見直す」ことを動機づける。第3の条件は，短時間で何かしなければならないようなタイムプレッシャーから開放されていると，じっくりと理解を深める活動に進む余裕ができる。逆に時間の制約が大きければ，とりあえず手続き的な理解のみでわかったつもりになってしまう。第4の条件は，理解することや深い学びの大事さが，自分が所属しているグループメンバーによって価値づけられるという点である。理解を促すことを励まされると，その知識領域において，理解の重要性や将来の有用性を際立たせるようなメタ認知的な認識ができる。これが，新奇の場面に出会った時に，さらに理解を深める活動を引き起こすことにつながる。また，理解を重視するグループであれば，ある事柄について他と比較しながら説明することが求められたりする。効率や結果を出すことを価値づけているグループの場合は，説明や新しい方法の提案には消極的で，疑問や問いを持つことを有害なものと捉えたりしてしまうだろう。

## 3 主体的・対話的で深い学びを実現する授業の原則

### （1）正解到達型授業と目標創出型授業

　主体的・対話的で深い学びに関連する学習理論について紹介してきた。学習科学の知見から「深い学び」とは，児童生徒がある特定教科なりの見方・考え

29

方を働かせながら，対話を通して一人ひとりなりに自分の考えを現状から少しずつ変えて広げて深めるプロセスだといえる。深い学びを授業で実現するには，授業者の狙う本時や単元の目標に向かってすでに知っていることを基に一人ひとりなりに進んでいくことが保証されるよう授業をデザインすることが重要となる。

　ただ，本時や単元の目標に向かう一つの到達点のみに注意を向け，一人ひとりの分かり方の違いに配慮せず，目標に向けて課題を細かく分割し，その分割した順にステップを踏ませる形にしてしまうと，教師の枠の中で児童生徒は「わかったつもり」にさせるだけの浅い学びになってしまう。本章では「正解到達型授業」と呼ぶが，切り取った範囲内でグループ学習など対話させて進めていくような授業をデザインしてしまうと，児童生徒の学習活動は教師の指示した範囲内となってしまう。指示されたことを振る舞うことはできるが，自分自身の知識とつなげて理解することが難しい児童生徒が存在してしまうことになり，クラスのすべての児童生徒一人ひとりが一人ひとりなりに学びを深めるような深い学びにはつながらない。適用範囲が狭くて浅い知識・技能の習得に留まってしまう。そうではなく，目標に向けて学びを深めていると，新たな疑問や問いが生まれ，その先が知りたくなる「目標創出型授業」で，主体的・対話的な学びを引き出すことが重要である。児童生徒一人ひとりなりに，授業の時点で持っている思考力・判断力・表現力等を使いたくなって使いながら学ぶことが，適用範囲が広くて深い知識・技能の習得につながるだろう。

　目標創出型の深い学びを毎回保証していくためには，一人ひとりなりの考え方の違いを比べながら考える授業が有効である。前節で紹介したように，人は建設的相互作用と呼ばれる他者との相互作用を通して理解が深まるメカニズムを持っており，そのような学ぶ力は，どの児童生徒も元々もっていると考える。その元々もっている力を一人ひとりなりに発揮させることが重要である。

　しかし，人の学びの仕組みに関する研究から，深い学びにつながる建設的相互作用が起きるためには，学習者の置かれている状況が，深い学びに向かいたくなるような学習環境になっている重要性を紹介してきた。それぞれの教科領

域において必要に応じて柔軟に知識を組み替え創造的に解決できるような熟達化，すなわち，生きて働く知識・技能をもつためには，教育課程全般において，新しい問題を解決したくなる場面が埋め込まれていることと，解決できた理由を互いに共有し次の解決にいかしたくなるような教室文化が欠かせない。

　これら学習研究の知見を踏まえると，毎時毎時の限られた授業時間の中で一人ひとりなりの建設的相互作用を引き起こすためには，クラスの仲間と一緒に考えたい「問い」を持たせること，問いを解決するためにヒントとなるような教材や資料にアクセスできること，対話を通して解決するために多様な考えを比較参照吟味できる環境が準備されていること，そして学んだことが次の問いを生んでいく文化を推奨すること，この4点が重要であろう。

### （2）主体的・対話的で深い学びを実現する授業の設計診断

　静岡県総合教育センターは2016年4月に「主体的・対話的で深い学びとカリキュラム・マネジメント」のリーフレットを発行した。このリーフレットは毎年改定されており，最新版は静岡県総合教育センターのホームページからダウンロード可能である。このリーフレットは，新学習指導要領を踏まえ，本章著者が助言者として入り，小・中・高・特別支援学校の先生向けに学習科学の科学的知見を踏まえながら作成したものである。

　リーフレットの中には，授業案を作成する授業設計のときや実践後の振り返りのときに，主体的・対話的で深い学びを実現する授業になっているか（いたか）どうかをチェックし，次の改善につなげることができる「主体的・対話的で深い学びの視点からの授業設計診断」を掲載している。そこには授業を設計する際に欠かせない4つの視点を設定している。

　第一の視点は，主体的な対話を引き出すために，授業の最初に児童生徒に対して「解決したい課題や問い」を持たせることである。第二の視点は，主体的な対話を通して深い学びを引き出すために活用可能な情報となる「考えるための材料」が手元にあることである。第三の視点は，他者と互いにことばを介しながら深い学びにつなげる「対話と思考」が十分に保証されていることである。

最後に第四の視点は，深い学びに到達すると同時にそのさきの学びにつながる学びに向かう力を想定した「学習の成果」を検討して授業を進めていることである。これから4つの視点に対して，浅い学びにとどまり時間内に教師の狙った授業が実現しにくいと考えられる「段階1」から，時間内に深い学びを引き出すことにつながる「段階4」を設定し，設計（もしくは実践）した授業が，どこに位置付いている授業かどうかを研修時に教師同士で評価できるような構成になっている。段階1に近い授業であれば「正解到達型」になっている可能性が高く，段階4に近い授業であれば「目標創出型」になっている可能性が高い。以下が授業設計診断の一覧である。

〈解決したい課題や問い〉

段階1：最初にもたせる課題や問いが明確ではない。

段階2：課題や問いがあるが，解決に対話を必要としない。

段階3：課題や問いがあり，解決に対話が必要である。しかし，課題や問いに対する活動の幅が広すぎて，活動が焦点化されにくい。

段階4：課題や問いに対する活動が焦点化され，深い学びに向かう対話につながる。

〈考えるための材料〉

段階1：対話につながる考えるための材料がない。

段階2：考えるための材料はあるが，課題や問いに対する解決策が明示されてしまっている。または，材料や解決策を事前に教師が説明してしまう。

段階3：複数の視点や立場から考えるための材料がある。しかし，限定的な考えに誘導するものである。

段階4：複数の視点や立場から考えるための材料があり，それらを比較，統合することで，深い解決策や答えにつながる。

〈対話と思考〉

段階1：対話を通して考える時間がない。

段階2：対話を通して考える時間が確保されているが，各自がまとめた内容を紹介するだけである。

段階3：対話を通して考える時間が確保されている。しかし，教師の過度な助言により，対話や思考が抑制されてしまう。

段階4：対話を通して考える時間が十分確保され，解決策や答えを深めていくような建設的なやりとりがなされる。


〈学習の成果〉

段階1：見た目の活動だけで，実際に知識・技能を習得できない。

段階2：知識・技能の活用範囲が狭い形の習得にとどまっている。

段階3：学んだことを自分の言葉で表現でき，知識・技能の活用範囲が広がり，振り返りを通して，自己の成長を把握できる。しかし，課題や問いを解決することで満足し，そこに新たな課題や問いが生まれない。

段階4：学んだことを自分の言葉で表現でき，知識・技能の活用範囲が実社会や実生活まで広がり，自ら振り返って自分の成長を把握できる。また，新たな課題や問いを発見し，次の主体的な学びにつながる。


　この授業設計診断を使って，ぜひ一度，作成した授業指導案をチェックしてみてもらいたい。そして，教室すべての児童生徒が，一人ひとりなりに深い学びを実現していく目標創出型の授業実践に取り組んで欲しいと考えている。

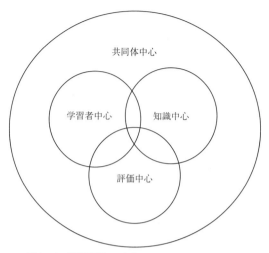

図 2-1 学習環境のデザインにおける 4 つの視点
出典：Bransford et al. 1999.

## 4  主体的・対話的で深い学びを実現する
カリキュラム・マネジメント

### （1）学習環境のデザインにおける 4 つの視点

　新学習指導要領の理念を実現していくためには，単一の授業をどう改善するかという視点だけでは不十分である。なぜならば，児童生徒は日々組まれたカリキュラムに従って，長い時間をかけて一人ひとりなりの豊かな知識を構成しているからである。そのため，単元構成，教科間の接続等，教育課程そのものを一体的に見直していくカリキュラム・マネジメントの視点が重要となる。
　学習科学の研究領域においても，一体的に学習環境を設計していく視点として，ブランスフォード（Bransford, J. D.）らは，学習科学等での研究成果に基づいて学習者を育成する学校の学習環境をデザインする際に考慮しなければならない 4 つの視点として「学習者中心」「知識中心」「評価中心」「共同体中心」を整理し示している（図 2-1）（Bransford et al. 1999）。

最初に「学習者中心」の環境とは，学び手である学習者の視点に立ち，各々の学習者が教室に持ち込む「既有知識・技能，態度・信念」を十分考慮した環境のことである。まず，教師は授業をする前に，学習者のすでにもっている既有知識と日常・文化社会的背景を踏まえた上で学習者自身が自己の既有知識に新しい知識を統合してゆけるよう，学習者の文脈に即した授業をデザインする必要がある。既有知識とは，教科内容に限定された知識に留まらず，その教科内容と接続するような，学習者がこれまで日常生活や社会文化に関わる形で組み上げてきた幅広い知識全体を指す。

「知識中心」の環境とは，学習者たちがある教材や課題に対して「理解を伴う学習」をし，なおかつ「転移が生じるような学習」をすることによって，真の意味での「知力をもつ」ようにすることである。知識中心の環境を実現するには，どのような教材を用いてどのような学習目標を立てるのか，の吟味に繋がる。未だ多くの各教科では「事実」を学ぶことが重視されることが多く，その事実の意味の理解や，事実をどのように見つけるかといった，思考力・判断力・表現力等を発揮する学習経験の積み重ねに注意が払われていない。事実や技能を学ぶだけでなく，理解を促すため資質・能力を発揮しやすくする工夫が必要とされる。

「評価中心」の環境とは，学習者中心，知識中心の環境の上で，学習者に学習状況をフィードバックし，修正する機会が保障されている環境のことである。学校における学習評価は，単元末の小テストや期末テストといった測定のために総括的評価が多く用いられるが，本来教師は，授業中に埋め込まれた形で学習者の学習状態を評価し，その評価結果を元に，学習者の学びをさらに深めるための学習支援を検討して実践を進めていくことが重要である。また，学習した知識・技能が未来の学びに生きて働く形になっているかどうかの評価の観点も重要である。伝統的な学習の転移の考え方は，以前に習った知識を，新しい状況や問題に直接的に適用できる能力とされている。しかし最近はそれに加え，「未来の学習への準備（Preparation for Future Learning）」も考慮し，必要なときに自分の知識に新たな知識を組み込み再構成して適用できるような，適応的熟

達者の行うプロセスを行うことができるかどうか，学びやすい状態になっているかどうかを評価する必要がある。

## （2）学校や教室で取り組むべき評価のすがた

スカーダマリア（Scardamalia, M）らは，21世紀型スキルの白書（Griffin, et. al. 2012）の中で学校や教室で取り組む評価の方法として，一人ひとりなりに資質・能力を発揮させた学習場面に埋め込まれた形で深い理解や知識創造が起きていたかどうかを評価し，次の学習のヒントを提供する「変容的評価（Transformative Assessment）」を提案している。知識内容を直接的に問うようなペーパーテストや，意識を問うようなアンケートで構成された「総括的評価（Summative Assessment）」や，教師が設定した教授目標に近づいているかどうか観察して差分をチェックするような「形成的評価（Formative Assessment）」では，学習者や教師の学習観は転換せず，知識習得を目的とする従来型の伝統的授業を助長しかねない。資質・能力を発揮させることを担保させた学習環境下で，学習者一人ひとりが授業の開始時から終了時の間にどれだけ深い理解や知識創造を実現できたのか，個人内の知識変容を評価することが主体的・対話的で深い学びの授業を一貫して取り組んでいくことにもつながる。

このような変容的評価を実現するためには ICT による支援も欠かせなくなるだろう。学習プロセスデータをできるだけ詳細に得ることができるかどうかがエビデンスの質を左右するからである。最低限把握したい学習の過程と成果の評価は，授業開始時と終了時に同じ質問をし，それに対してどう解答するかの差分を見ることであろう。それに加えて授業中の検討物や外化記録，さらには対話の発話データが集まり，短時間で分析可視化できるようになると，資質・能力を発揮しながら知識を構成する瞬間そのものを捉えることができるようになる。評価の質的転換が，教育実践研究の発展をもたらすために必要だろう。

第2章　資質・能力を育む教育と学習科学

### （3）カリキュラム・マネジメントによる学校改革

　今後求められる学力の3要素を育む学校に向けて，児童生徒自身が日々学校で経験する授業や教育課程で学ぶ学び方そのものが，将来の人生や社会に生かすことができるよう考慮し，総体として人間性を育むような改革が重要である。そこでは，主体的・対話的で深い学びの実現のために，授業，単元，カリキュラム編成，教科外の活動すべてを見渡し，重複部分は相互に補完し合い，シンプルかつ筋の通った構成にしていくカリキュラム・マネジメントを通して，児童生徒自身がじっくり時間をかけて豊かに思考力・判断力・表現力等を発揮しながら考えを深め広げていく学びを実現できる環境づくりが重要である。簡潔にまとめると，学力の3要素を育む教育課程とは，「主体的・対話的で深い学びも一部取り入れられたカリキュラム」ではなく，「主体的・対話的で深い学びを主体に構成したカリキュラム」である。

　スカーダマリアらは21世型スキルの白書の中で，教育編成の見直しによる学校改革には，「付加的学校改革」「融合的学校改革」「一体的学校改革」の3つの手法があるしている（Griffin, et al. 2012）。

　「付加的学校改革」とは，これまでの学校の伝統や進め方を大事にしつつ，新しい内容や学習方法を追加することで教育課程を充実していく手法である。伝統を守ることができる良さがある一方で，従来の内容に加えて新しい内容を加えたり，従来の授業方法も行いつつ新しい授業方法を加えたりするには，時間の追加が必要である。制約があって時間が追加されない場合は，すべてを短縮して押し込む必要があり，結果，現場は疲弊し，児童生徒も学力の3要素が十分に育まれないだろう。

　「融合的学校改革」とは，これまでの教育編成の中に，次期学習指導要領の理念を埋め込んでいく方法である。一部に，主体的・対話的で深い学びを実現する授業形態を取り入れたり，特定の行事と連携したり，教科横断的な視点が入った授業が展開されたりする方法である。この方法は，多くの学校で現在検討されているかもしれない。しかし，可能な箇所だけ入れ替えた教育課程では，生徒の3年間の連続的な学びの視点でとらえると，学び方や学ぶ内容の一貫性

が取れないという欠点があり，バランスの取れた学力の3要素の育成には一定の限界があるだろう。

　一方「一体的学校改革」とは，学力の3要素を満たした資質・能力を育むために，教育課程の主軸を新学習指導要領の理念と対応付け，そこにまず，必要な新たな内容や方法を配列する。それから，これまでの伝統や進め方がどこにどれだけ位置づけ可能か取捨選択して組み入れる方法である。この教育課程の編成手法の方が，これまでの学校や地域の特色を残しつつも，総体として新学習指導要領の理念の実現につながる。児童生徒にとっては，一貫した形で学力の3要素が育まれていくようになるだろう。

　学力の3要素を育むカリキュラム・マネジメントに必要な要素とは，(1)授業でもたせる「問い」が児童生徒・学校・地域の文化・行事や現代社会の課題とつながるような教科横断的な編成，(2)児童生徒・学校・地域の文化・行事や現代社会の課題や地域人材とからめた教材や資料の工夫，(3)学びが単元・教科を超えて共有参照吟味できるよう接続される工夫，(4)「到達にむけた順番段階モデル」の学校文化ではなく，知りたいことが生まれ追求していく中で基礎基本も定着していく「さらなる目標を創出したくなるモデル」の学校文化になるような学びの広がりを支えていく教育課程編成が重要だろう。

### 引用文献

Bransford, J. D., Brown, A. L., & Cocking, R. R. (Eds.) (1999) How people learn, Brain, mind, experience, and school, National Academy Press, Washington, D. C.（ブランスフォード・ブラウン・クッキング編著，森敏昭・秋田喜代美監訳（2002）『授業を変える：認知心理学のさらなる挑戦』北大路書房。）

Griffin, P., McGaw, B. and Care, E. (2012=2014), Assessment and Teaching of 21st Century Skills, Springer.（三宅なほみ監訳，益川弘如，望月俊男編訳『21世紀型スキル──新たな学びと評価のかたち』北大路書房。）

波多野誼余夫・稲垣佳世子（2006）『発達と教育の心理学的基盤』，放送大学教育振興会。

三宅芳雄・三宅なほみ（2014）『新訂教育心理学概論』放送大学教育振興会。

大島純・益川弘如（編著）（2016）『学びのデザイン：学習科学（教育工学選書Ⅱ）』ミネルヴァ書房。

第2章 資質・能力を育む教育と学習科学

白水始・三宅なほみ・益川弘如（2014）「学習科学の新展開」『認知科学』21（2），254-267.

（学習の課題）

⑴ 同じ授業を受けていても一人ひとりの学習過程は異なるのはなぜだろうか？
⑵ 主体的・対話的で深い学びの授業で浅い学びに留まる場合と深い学びに進む場合とは，授業設計や目標にどのような違いがあるのだろうか？

【さらに学びたい人のための図書】
国立教育政策研究所編（2016）『資質・能力 理論編』東洋館出版社。
　　⇨新学習指導要領の検討にあたって基盤となる学習科学の研究が数多く引用されており，研究事例をベースに理論を整理する上でのおすすめ本である。
三宅なほみ・東京大学 CoREF・河合塾（2016）『協調学習とは：対話を通して理解を深めるアクティブラーニング型授業』放送大学教育振興会。
　　⇨主体的・対話的で深い学びを実現するための授業を支える学習科学の考え方と実践事例が関連付く形で具体的に紹介されている必読書である。

（益川弘如）

# 第3章 インストラクショナルデザイン

**この章で学ぶこと**

本章では，授業設計に役立つインストラクショナルデザイン（ID）の考え方について学ぶ。ID は，授業設計の方法・理論・実践研究によって支えられた授業の基盤づくりのための技術と考えられる。教える学習者を意識し，ID を用いて効果的，効率的かつ魅力的な授業づくりをどのように行うことができるかを考えながら読み進めてほしい。

## 1  ID とは何か

### （1）ID の目指す学び：効果・効率・魅力

インストラクショナルデザイン（ID）とは，「教育活動の効果と効率と魅力を高めるための手法を集大成したモデルや研究分野，またはそれらを応用して学習支援環境を実現するプロセスを指す」（鈴木，2005，197頁）。欧米では古くから教育工学研究の中心的概念として用いられてきた。ID は授業の設計，個人の学習支援，教材づくり，学習環境の仕組みづくりなど，企業研修・高等教育・初等中等教育などの様々な教育活動に広く活用することが可能な技術である。本節では，授業づくりの視点から ID をどのように活用できるのかを考えていく。

ID が目指していることは，学習者にとって最適な学習環境を構築して学びを支援することである。子どもに「良い学び」を提供するための参照枠とも言える。学習者を支援することは，教員であれば誰でも取り組んでいることであろう。その教員が行う学習活動の設計を整理するための技術として ID がある。教育者が自身の授業実践を客観的に見て，良い授業・学びが提供できているの

かを説明・改善するための道具にもなる。

IDが考える「良い学び」を「効果」「効率」「魅力」の3点から確認しよう。できなかったことができるようになる。わからなかったことがわかるようになる。これが1点目の「効果」である。授業には「教えたい」こと（つまり学習目標）がある。目標が達成できたことを，教員と子どもがともに確認できるように共有し，ともに目指すことが重要である。学習目標が達成できれば，授業は効果的だといえる。

2点目の「効率」は，物理的かつ時間的にもムダや無理を避けることを指す。授業準備時間をできるだけかけずに，授業時間を最大限に生かすように学習目標に適した内容や教え方を選択して実践する。真似してみたい授業実践があれば，積極的に採用する。これらの工夫は効率化を目指すために必要である。「教える側（教員）」だけでなく，「学ぶ側（子ども）」が期待する効率もある。なるべく時間をかけずに目標をクリアしたいと思うのは，子どもの自然な気持ちであろう。

学び続けるために重要なことが，3点目の「魅力」である。「やる気」「動機付け」「意欲」「達成感」など，様々な言葉で表現される。授業のワクワク感は，子どものやる気に火をつける。効果・効率の手段としてだけでなく，魅力（動機付け）を目標の一つとして捉えて，授業の節目ごとに，「もっと学びたい」と思える授業を目指す。これができれば授業は魅力的だといえる。

IDではこの3要素が組み合わさることで「良い学び」ができると考え，授業や学習を組み立てる。日々の授業実践から少し離れて，3要素で授業を整理してみよう。自分自身の授業の強みを確認すると同時に，何かしらの改善点が見えるかもしれない。

## （2）IDの基本形をつかむ

IDの目指す「効果」「効率」「魅力」はどのように高めることができるだろうか。それは，「学習目標」「評価方法」そして「教育内容」の3要素をバランス良く組み合わせることによって実現できる（図3-1）。授業は1回では終わ

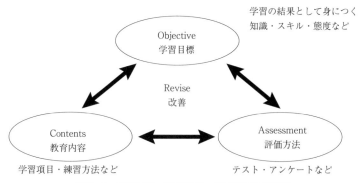

**図3-1　学習目標・評価方法・教育内容の整合性**
出典：鈴木（2008）。

らない。毎回の授業，単元，科目それぞれの単位で「目標」「評価」「内容」のバランスをとる。1回の授業で上手くいかなければ，前後の授業で調整する。時間がなければ，優先度から絞る。じっくり理解させるためにグループワークを行う。限られた資源（時間・人・モノ）を最大限に生かして「良い学び」をどのように展開できるか。それを「目標」「評価」「内容」の3つの要素で考えるのがIDの基本形である。

　授業にはその目指すところとしての「学習目標」がある。誰が何時間の授業を「受けたか」ではなく，その授業によって「何を学んだか」「何ができるようになったか」をもってその効果を確認することが重要だ。いわゆる履修主義ではなく，習得主義がIDの基礎となる。そして，「学習目標」は学習者に最初から提示されているのが良いと考える。それは，ともに目指すところを共有して学習者にもそこへ神経を集中してほしいと願うためである。

　IDの基本形の2つ目の要素は「評価」である。どんな学習目標でも，子どもがそれを達成したかどうかを確認するためには，「評価」する手立てを予め考えておく必要がある。何かを学ぶということは脳内で生じる変化なので，それを外にどう表現させるかを考えておく必要があるからである。IDでは，「評価」は「目標」と表裏一体にあると考えるので，授業を実施してから評価の方法を考えるのではなく，目標を掲げたと同時に計画段階で評価の手立ても検討

しておくのが良いと考える。

　ID の基本形の3つ目の要素は「教育内容と方法」である。何をどんなやり方で学んでもらうのか，つまり授業をどのように進めるのかを考えることである。たとえば，山に登るルートは複数ある。つまり，同じ目標に対して到達する方法は複数ある。現代の学習環境は多様で，方法の選択の幅は広い。それらを最大限に活用して，適切な方法を選ぶのが良い。可能ならば，複数の選択肢を準備しておいて，好きなやり方を子どもに選んでもらうことも検討しよう。それが学び方の学習につながると ID では考える。


### （3）授業のバランスをとるコツ

　先に触れた ID の基本形にある3要素が互いに合致していることを，授業設計に整合性があるという。目標にふさわしい評価が計画されていて，目標にふさわしい授業の内容・方法が採用されている状態である。たとえば，考え方を養う目標の授業なのに評価は暗記で答えられるテストをしていたり，授業は教師の説明中心になっていたりしては，3つの要素がバラバラであり，授業のバランスが取れていない。3つの要素が互いに合致している，整合性が高い状態を目指そう。

　授業のバランスをとるために重要なコツは，「教育内容や方法の検討から入らないこと」。どの教え方・進め方にするかは，誰に何を学んでほしいかを考えてから決める。学習目標とその評価が明確になった後に，対象者や与えられた環境でどのように教えるか（方法）を検討・選択するのが良い。

　目標の重要性を説くために米国の教育工学者ロバート・メーガー（Robert Mager）が次の3つの質問を考えた。1960年代のことである（鈴木，1995）。

- Where am I going?（学習目標：どこへ行くのか？）
- How do I know when I get there?（評価方法：たどりついたかどうかをどうやって知るのか？）
- How do I get there?（教授方略：どうやってそこへ行くのか？）

　最初の問いは，授業の目指すもの，すなわち学習目標を明確にすることであ

る。2番目は，目標が達成されたことを確認するための評価方法を明らかにする問いである。最後が，目標に合致した教育方法の選択である。図3-1の3つの要素にそれぞれ対応している。

　メーガーの3つの質問は，教員が「何を目指した授業か」を先に考えることの必要性を示したことにその意義がある。また，目標と評価は表裏一体であり，目標を掲げたらそのチェック方法を合わせて（授業前に）考えておくことの重要性も指摘した。この考え方を採用して，ID は発展してきたのである。

　授業のバランスをとるもう一つのコツは，改善である。3要素の整合性を意識しても，最初からうまくいくとは限らない。評価結果を踏まえて「改善」を行うことが重要である。整合性を示した図3-1の中央に「改善」が置かれているように，繰り返し検討してより良い授業にしていくプロセスを ID では重視する。教育に完全な成功はありえない。失敗を学習者のせいではなく実施側の責任であると捉え，真摯に向き合う姿勢が ID に携わる人たち全員に求められている。評価を授業の前に考えておくことは，実は，「改善」のために必要なことなのである。

　次の節では授業の3視点：出入口（目標・評価），方法，そして魅力的な授業にするための工夫から授業の作り方について具体的に考えていく。各自が考えたいと思う授業の場面を一つ想定して，本章を読みながら本時の授業をデザインしよう。

### ［ 2 ］　出入口を考える

### （1）対象者を見極める：入口

　どんなに面白い授業でも，教える相手に合った内容でなければその授業の良さは伝わらず，無駄に終わる。6年生向けの内容を5年生に教えても，難しいと思うだけだ。6年生の授業は，5年生までの学習内容が完了していることを前提に展開される。たとえば，6年生の授業で取り扱う分数同士の乗算・除算は，小学校5年生で学ぶ分数の概念，乗除法の考え方が理解されていることを

第3章　インストラクショナルデザイン

前提として進められる。つまり，6年生として学ぶには，そのための前提知識が必要であるということである。これは，授業の出入口の「入口」を確認していることになる。

　学年によって異なるのは知識やスキルだけではない。心も体も成長している。また，学校やクラスの特徴もある。年齢や学年だけでは一概には同じと判断できないことを踏まえて，自分の教える子どもたちの特徴を整理する必要がある。クラス全員が全く同じということはあり得ない。だからこそクラス全体の特徴と個々の特徴をそれぞれ把握しておくことが有用である。


（2）目標として出口を示す

　授業の出口（ゴール）といえる学習目標は，学びがどこへ向かっているのかを示す大事な指標だ。学習目標を設定する上でのポイントは，学習目標と評価方法との対応関係を明確にすることである。学習目標を明確にするためには，「目標行動」「評価条件」「合格基準」の3つの要素に着目するのが良い。

　① 目標行動：学習者の行動で目標を示す

　　学習者が主語であっても「〜を理解する」「〜を知る」「〜に気付く」というような目標は，うまく教えられたかどうかを確かめにくい。たとえば，「箸の持ち方について理解する」と書くのではなく，「箸の持ち方を他者に説明できる」あるいは「正しい持ち方で箸を使える」と行動で表記する。

　② 評価条件：評価の条件を示す

　　同じく箸の持ち方の例を使うならば，「何も見ないで，誰の助けも借りず」あるいは「箸袋に書いてあるコツを参照しながら」箸を持つことができる，のように，評価条件を具体的に記述する。評価条件によって，課題の難易度が大きく変わるので，段階的な目標設定に使うことができる。

　③ 合格基準：時間制限，正確さなどの基準を示す

　　「30秒以内に豆を10粒以上，隣の器に箸で移動できる」等と記述する。

　良い学習目標は，学習者を期待する方向へと導き，あわせて間違った方向へ行かないための指針となる。子どもたちに学習内容をわかりやすく伝えるため

45

|  | 実施時期 | レベル | 役割 |
|---|---|---|---|
| 事後 | 出口 | 学習目標 | 合格かどうか |
| 事前 | 入口 | 学習目標 | 必要かどうか |
| 前提 | 入口 | 前提条件 | 資格があるか |

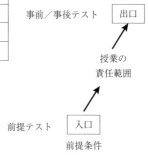

図3-2　3つのテストの実施時期と役割

出典：鈴木（2002）。

の手段と考えて，上記3つの要素から確認しよう。

### （3）できたかどうかを評価する

　学びを評価するために，出入口の整理に役立つ3つのテストがある（図3-2）。それぞれ利用する目的やタイミングが異なる。「前提テスト」は授業内容への準備ができているかを確認するものであり，あらかじめ理解しておいてほしい基礎事項である。授業を受ける資格と考えて，授業を始める際に確認しておくのが良い。

　学習目標の達成を確認するためのテストを「事後テスト」と呼ぶ。学習目標と対になっているテストで，学習成果があったかどうかを確認する大事な役割をもつ。これに対して，授業を受ける必要があるかどうかを確認するテストを「事前テスト」と呼ぶ。事前テストは事後テストと同じ難易度をもつ同等レベルのテストであり，事前テストに合格したときは，内容が理解できているということであり，学習は不要ということになる。学校の授業では教える内容の中でも理解できていない部分を確認し，限られた授業時間を実力に応じて効率的に活用するための情報とするとよいだろう。

第3章　インストラクショナルデザイン

表3-1　ガニェの学習目標の分類と学力の3要素との関係

| 5分類 | 学習目標 | 具体例 | 目標行動 | 学力の3要素 |
|---|---|---|---|---|
| 言語情報 | 名称や単語などの指定されたものを覚える | 人の体に関する英単語を書き出すことができる | 言う，書く | 基礎的・基本的な知識・技能 |
| 運動技能 | 身体の一部や全体を使う動作や行動 | なわとびで二重跳びを5回以上連続でできる | 行う，実演する | |
| 知的技能 | ルールや原理，概念を理解して新しい問題に適用する | 前置詞の後に置く代名詞の例を複数あげることができる | 区別する，選ぶ，分類する，例を挙げる，つくりだす | 思考力・判断力・表現力等 |
| 認知的方略 | 学び方や考え方を意識して工夫・改善する | 教科書を自分なりに工夫してノートにまとめることができる | 採用する | |
| 態度 | 個人の選択や行動を方向づける気持ち | 地球にやさしい生活を心がけようとする | 選ぶ，～しようとする，～しないようにする | 主体的に学習に取り組む態度 |

出典：稲垣・鈴木（2015）47頁の表4-2と表4-3を統合した。

## （4）評価内容の妥当性

　評価で大事なのは，目標が達成できているかどうかを正確に確認することである。ベンジャミン・ブルーム（Benjamin Bloom）は教える内容を認知・情意・精神運動領域の3つに分類した。さらに，学習心理学者でIDの始祖ロバート・ガニェ（Robert M. Gagne）は学習目標を表3-1に示す5つの領域に目標を分類した。どの領域の学習かによって評価活動が異なる点に着目しよう。

　ガニェによる目標の5分類について詳細にみていく。まず，九九や英単語，地名などを覚えることは言語情報と呼ばれる暗記学習である。この場合は，学んだことと同じ内容についての問いを出して再生できるかを確認するのが評価になる。次に，二桁の繰り上がり算や力の働きなど，ある規則を未知の事例に用いるなど，手続きに従って考える学習を知的技能と呼ぶ。全国学力・学習状況調査のB問題と呼ばれるものはこれにあたる。評価のポイントは「未知の事

47

表 3-2 出入口分析シート

| 教科・単元名 | 数学・文字を使った式 | |
|---|---|---|
| 学年 | 中学 1 年 | |
| 単元目標 | ・文字を使うことの利便性について説明できる（言語情報） | |
| | ・文字が入った簡単な式の四則計算ができる（知的技能） | |
| 入口 | 小学校で学習した○や□，またはことばの式を用いて数量関係を表すことができる | |
| 本時の目標 | 1．文字式で表すことの良さについて説明できる（言語情報） | |
| | 2．画用紙をマグネットで留める場面で，その関係を式に表すことができる（知的技能） | |
| 次時の活動 | いろいろな数量を文字で表す | |
| | 文字式の表し方 | |
| 本時の評価方法 | 評価の方法：班の人たちに文字式を使うことの良さについて自分のことばで説明できているか：対応する目標番号：1 | |
| | 評価の方法：ワークシートの「マグネットの個数と画用紙の枚数についての式」の部分が正しく書けているか：対応する目標番号：2 | |

例」というところにある。応用力を問うために，同じ問題は出さない。同じ問題の答えを覚えて答えたのでは応用力が確認できないからである。三番目は，学び方を学ぶものであり，認知的方略と呼ばれる。

　態度では「選ぶ」行為として捉えられるものを対象とする。態度は直接教えることが困難なので，なぜその態度をもつことが重要かについての知識やエピソード，「選ぶ」行為に必要な技能を習得する中で好ましい態度を育てることが有効である。また，態度は主体的な学びを育むために重視されている領域でもある。

　実技を伴う学習目標である運動技能は身体を用いる動作や行動を対象とする。体育での鉄棒やマット運動，音楽の楽器演奏などもここに入る。身体を使った動きの学びには，そのために必要な知識として言語情報や知的技能が前提になる場合もある。

　主体的・対話的で深い学びには，暗記を中心とした言語情報にとどまらずに文脈から自ら問いを引き出す知的技能に相当する学習が必須である。さらに，

「学び方」（認知的方略）を子どもに教え，その上で取り組もうという自主的な態度を子どもに促すことも求められるだろう。複数の領域を包含する活動を目指すことが重要となることは間違いない。

　ここで表3-2を見てほしい。本章の学習を踏まえて作成した授業設計の出入口分析シートである。授業の対象者は誰か，学習目標は何かを確認し，その上で評価方法は学習目標とどのように対応しているかを確認しよう。「本時の評価方法」は対応する目標番号がそれぞれ書かれており，目標との齟齬がないように工夫がされている。他にも，「本時の目標」は学習成果の5分類のどれに当てはまるのかを確認してほしい。

## 　　　③　授業方法を考える

### （1）授業の構成を確認する

　各回の授業に意義と価値を持たせて，目指した学習成果を収めるには，子どもにとってわかりやすく理解しやすい授業を構成し，成果を積み重ねていくことが大事である。学習は外部からの情報を受け取って，個人が理解し定着させていくことで成立するため，授業外でも様々な学習が成立する。授業の役目は，学習目標に向かってより意図的・体系的な支援を提供することにある。

　授業で新しい知識や技能を習得することを支援するための枠組みを整理した「9教授事象」を紹介する。9教授事象は前出のガニェが認知心理学の情報処理モデルに依拠して1970年代に提唱したものである。表3-3に示す9つの事象が入るように授業を組みたてると，子どもの学習を支援するために必要な活動が漏れることを防ぐことにもつながる。また，「導入」「展開」「まとめ」に対応させて整理していくと，学習支援のプロセスでのそれぞれの役割がわかる。

　9教授事象のうち，事象1～3が授業の「導入」に相当する。新しい学習への準備として，授業に耳を傾けさせ，目標を知らせ，学習に必要な既習事項を思い出してもらうことが重要である。「導入」で方向づけ（事象1）や学習目標の確認（事象2）を行うことができれば，授業の方向性が伝わり，安心感や期

待感を高めることができるだろう。さらに，事前に学習して長期記憶にしまい込んである基礎知識・技能（前提条件）を使える状態にする（事象3）。

　「展開」は授業の中核部分であり，9教授事象では新しい情報を提示する活動（事象4・5）と情報の理解を促す活動（事象6・7）に分けることができる。新しい内容を提示する（事象4）だけでなく，既知（事象3）と未知（事象4）をつないで理解を助けるために説明を補足し（事象5），理解できたかどうかを確認・修正する活動（事象6・7）によって力をつけていく。

　「まとめ」は学習したことの振り返りや定着を促す活動である。9教授事象では，事後テストを行い，内容理解を確認・評価する（事象8）ことで自信を高めて学習の継続を促す働きかけにする。さらに，忘れたころに復習の機会を作る（事象9）ことで，定着を図り発展的活動を促す。

　ここで示した9つの活動は，必ずしもすべてを教員主体で行う必要はない。学習者に一部の事象を委ねることが可能であり，題材や対象とする子どもによって9つの活動の重みづけも変わるだろう。たとえば，予習の時間のための教材を渡し，授業で扱う内容を予め読んでくるように指示することは，情報提示に相当する事象4を学習者主体に行わせていることに相当する。学年等に合わせて，授業へ主体的に参加させるために，どの事象を誰が担うかを考える手がかりにしてほしい。

　実際の授業では，授業時間に十分行えない個別練習を宿題にして実施することもあるだろう。学習内容や単元の見通しを，反復して伝えることも重要だ。授業は完全な一話完結型にはならず，単元の中のある特定の役割を担うことを想定し，毎回の授業に9教授事象をすべて入れるべきであると焦らずに，柔軟に対応するのが良い。


**（2）9教授事象で考えた授業の事例**

　本節では，「導入」「まとめ」「展開」について整理し，9教授事象を用いた組み立て方について紹介した。ここでは，表3-3にある「授業構成検討シート」を参照し，本時にどのような活動を入れて組み立てようとしているのか確

第3章　インストラクショナルデザイン

表3-3　授業構成検討シート

| 指　導　計　画 | | |
|---|---|---|
| 導入 | | 事象1　学習者の注意を喚起する　画用紙3枚の一部（二辺）が重なるようにして横に並べてマグネットで留め，マグネットはいくつ必要かと聞く。その後，4，5枚さらにクラス人数分の用紙を貼りつけるにはマグネットがいくつ必要かと問いかける（黒板での実演）。 |
| | | 事象2　学習目標を知らせる　事象1で示したマグネットの数を，文字を用いた式で表すことができることを伝える。具体的にどのように表せるのかを考えられるようになることが目標であることを伝える。 |
| | | 事象3　前提条件を確認する　事象1の例で画用紙が増えていく場合，小学校で学んだ「ことばの式」を用いてどのように表すことができるのか思い出させる。 |
| 展開 | 情報提示 | 事象4　新しい事項を提示する　画用紙を並べて貼る際に必要なマグネットを示すには，「ことばの式（枚数)」の代わりに文字式で表せる方法があることを示す。 |
| | | 事象5　学習の指針を与える　ことばの式，文字式，枚数3枚の場合の計算式を行ったり来たりしながらことばの式を文字式に差し替えた表現ができることについて説明する。これによって，文字を使った表現への抵抗を下げ，理解を促す。 |
| | 学習活動 | 事象6　練習の機会を設ける<br>• 班で文字式を用いることの特徴について話合う。<br>• 画用紙が50枚，62枚の場合について考える練習問題を解き，隣の生徒と答え合わせをする。 |
| | | 事象7　フィードバックをする<br>• 班での活動に必要に応じて介入する。<br>• 計算式を板書し，数を求め，理解に応じた説明をする。 |
| まとめ | | 事象8　学習の成果を評価する　用意したワークシートを埋めさせ，すべて正しい文字式を埋められているかを確認する。 |
| | | 事象9　保持と転移を高める　小学校で習った「ことばの式」は，中学校では「文字の式」として扱う事を確認する。文字式は枚数以外の数量にも活用でき，実際に数えられないような数を求める場合などさまざまな場面で式を用いて表現できることを次の授業以降でさらに詳細に考えていくことを伝える。 |

表 3 - 4　教育方法の代替案

| 授業方法 | 長所 | 目的 | 具体例 |
|---|---|---|---|
| 講義 | 効率的・標準的・構造的 | 情報提示 | 板書，視聴覚教材などによる提示，説明をする。 |
| デモンストレーション | 応用が簡単 | 情報提示 | 変圧器の操作をやって見せる。英語による模範的な研究発表をやって見せる。 |
| ドリル演習 | 自動的・マスタリー | 学習経験，反復 | 講義の後に基礎的な計算問題のプリントを配布する。授業開始時に英単語の小テスト（プリント）を配布する。実施直後に模範解答を提示して自己採点させる。ICT を活用することも可。 |
| 独学・学習者制御 | 実施が柔軟 | 学習経験 | 地域の過去の防災政策について図書館で文献調査させる。インターネットでモバイル端末の市場動向を調査させる。 |
| ディスカッション | 有意義・現実的・学習者による実施と調整 | 相互作用 | 小グループで未来の教室について議論する時間を設ける。 |
| 協調的グループ学習 | 当事者意識・チームビルディング | 協調性 | 小グループでマイコン制御のロボットを開発する演習。 |
| ゲーム（人工的ルール） | 高い応用力高い学習意欲 | 学習経験 | 伝言ゲームで，意志疎通の困難さを体験させる。 |
| シミュレーション | | 相互作用 | 地価の変動が都市再開発計画に与える影響をシミュレーションさせる。 |
| 発見学習（個別／グループ） | | 探索活動 | 近隣の河川に出向いて，稀少野生動植物を調査する活動。 |
| 問題解決・実験 | 高次の思考 | 仮説検証 | 過疎地域の医療，福祉問題の解決策を探るワークショップを実施する。 |
| Web を用いた探索活動 | 主体的な活動 | 探索活動 | イメージマップと組み合わせて，単語だけでなく，図の部分やフローチャートなどにリンクを張ることもできる。発展的な内容の参考リンクを提示する。 |

出典：Reigeluth（1999）の表を簡略化し，ICT の視点を取り入れたもの。

認しよう。表3-3は，表3-2で取り上げた授業の本時について，9教授事象を用いて具体的に検討した計画書である。授業を効果的に行うための作戦書とも言える。

### （3）授業方法のいろいろ

　授業は様々な活動が組み合わさって成立する。一斉授業，グループ（班）活動，ペア活動，個人活動に大きく分けることができる。新しい事項の解説には，教員による説明が不可欠な場合が多いが，その理解を深めるために，教室の仲間と話し合いをしたり，助け合ったりすることも有用である。また，全員がそれぞれ目標を達成するためには，一人で課題に向かい，自分の力で問題を解く時間も必要である。本時の活動にメリハリをつけ，子どもたちの学習意欲が継続するようにこれらの活動を組み合わせて授業を作ろう。表3-4は，授業方法の例である。どのような学習活動が良いのか迷った時の参考にしてほしい。

## 　4　　実践力を高める手がかり

### （1）やる気を促す

　やる気がない子どもをどうやって動機付けるか。教員なら幾度となく乗り越えなければならない壁になるだろう。動機付けには，外発的動機付けと内発的動機付けがある。教員からの叱咤激励は，外発的動機付け（外からの働きかけ）に相当する。頑張ろう，もっと進みたいと子ども自身が思うことは内発的動機付け（中からの働きかけ）である。内発的動機付けができている子どもは，主体的な学びを自分自身で進められる学習者である。内発的と外発的な動機付けをどのように織り交ぜて授業を進めるか，また，子どもをどのように独り立ちさせていくことができるか。両者をバランスよく使い分けていきたい。

　心理研究の歴史は長く，今も発展し続けている。時間や精神的な負担を軽減して授業づくりの効率化を目指すIDの視点から，学習意欲に関する側面を4つに分けて整理したのが，ジョン・ケラー（John M. Keller, 2010）のARCSモ

デル（アークスモデル）である。

　学ばせたい内容に子どもの「注意」（Attention）を向けて「おもしろそうだな」と思わせる。他の学習など今後につながる「関連性」（Relevance）を示し「やりがいがありそうだな」と気付かせる。あと少しでできそうだと「自信」（Confidence）をもたせ，最後にできた！　やってよかった！　という「満足感」（Satisfaction）を高める。この4つの頭文字からARCSモデルという。

　ARCSモデルは，授業一コマを動機付けの視点で確認する場合も，個々の子どものやる気を分析する際にも活用できる。なかには，やる気がありすぎて困ってしまう子どもがいるかもしれない。「注意」に偏っていれば，次につなげる「関連性」や「自信」を持たせる活動になるように改善の余地がある。単におもしろいだけではなく，「満足感」のある授業へと一工夫が必要かもしれない。

　たとえば，主体的な学習として，すでに学習した内容を，子ども自身が自分のことばでまとめて説明・議論する活動を設定したとする。この場合，テーマが子どもたちにとって興味深いものでなければ「関連性」が確保できない。いやいややるのではなく，進んでやる気持ちになるためには「やりがい」が必要だからである。また，学年の低い子どもに対して全部自分で調べさせるというような，最初から無理難題と思えることに挑戦させるのは「自信」を高めていく活動としては適切ではない。中間目標を設けるなど，段階的に「自信」を積み重ねていくための支援が必要となろう。「やってよかった」と思える演出も重要である。学習発表会で成果を披露したり，なかなかうまくいかなかったことが最後には有終の美を飾れるようにおぜん立てをすることで「満足感」を感じることができれば，次の学習への意欲も高まるだろう。

## （2）授業の魅力を ARCS モデルで分析した事例

　本時の ARCS モデルに基づいた授業方略について検討した例を示す（表3-5）。表3-2，3-3に引き続き，動機付け分析シートの結果である。シートは2段階に分けて埋められている。まず，「学習者の特徴」と「学習課題」と

第3章　インストラクショナルデザイン

表3-5　動機づけ分析シート（ARCS モデル）

| 設計要因 | ARCS カテゴリー | | | |
| --- | --- | --- | --- | --- |
| | 注意 | 関連性 | 自信 | 満足感 |
| 学習者の特徴 | 進級したばかりなので不安もあるが期待もある（＋） | 数学を身近な課題と思う生徒と思わない生徒がいる（－） | 仲間と確かめ合いながら学べる（＋） | 間違って恥ずかしい思いをしたくない（－） |
| 学習課題（学習者の学習課題に対する態度） | マグネットや紙という教材（＋）新しい学習への期待（＋） | 日常生活の課題にも活用できそう（＋） | 文字アレルギーを引き起こしてしまう可能性あり（－） | 理解度を自分で確認できる（＋） |
| 本時での動機づけ方略 | 画用紙とマグネットを用意し，黒板に貼り，具体物から考える | 小さい数では数えることができるが，大きな数では実演できないことを確認し，文字を使う事の利点を伝える | 班で話し合い，文字を言葉で表現する活動を取り入れる（ことで文字アレルギーを防ぐ） | クラス全体で発表する前に，班の話し合いで間違いがないことを確認させる |

いう授業設計に必要な2つの要素（順に，児童・生徒観，題材観に相当）に対して，
ARCS モデルで分析する。（＋）は動機付けがされていることを示し，（－）
はやる気を損なう要因があることを示す。これによって，動機付けが十分なの
か，不足しているのかを一目で確認できる。

　次に「学習者の特徴」と「学習課題」という2視点からの動機付け分析の結
果から，「本時での動機づけ方略」（指導観に相当）について考える。分析→方
略の流れで本シートを用いると，やる気を高めたりやる気を損なう要因を無く
すなど，授業内容をより魅力的にするための工夫として何ができるのか考えや
すくなるだろう。今回は分析の視点として「学習者の特徴」と「学習課題」に
絞っているが，必要に応じて追加しても良い。

## （3）多様な学習者に対応する

　授業は，一般的に複数の学習者に対して行われる。授業時間内は同じ内容を
複数の学習者に同時に伝えていく。しかし，子ども一人ひとりに個性があり，

特徴があり，得意不得意もあるなかで授業の効果は全員同じとは言えない。

　ジョン・キャロル（J. B. Carroll）は，成績の差が子ども個人の資質（生得的能力，知能指数など）に起因するものだと考えずに，「良い成績をおさめるために必要な時間を使わなかったこと」が原因だと考える「学校学習の時間モデル」を提唱した（鈴木，1995）。1963年のことである。「大抵の子どもは，その子に必要な時間さえかければ，大抵の学習課題を達成することができる」という視点に立てば，その子にとって課題達成に必要な時間をどう確保し，どんな援助（環境，問題，助言など）を工夫したらもっと短い時間で良い成績がおさめられるような授業になるのかを検討できると考えた。

　確かに，ある学習課題を短時間で達成してしまう子と，じっくりと時間をかけて取り組む必要がある子がいる。それなのに，同じような授業を同じ時間だけやって，同じテストをすれば差がでるのは当たり前である。「頭の悪い子」とレッテルをはるよりも，「時間をかけて勉強する必要がある子ども」，あるいは「援助が余分に必要な子ども」と考えれば工夫の余地が生まれてくる。能力差から時間差への発想の転換が提案され，多数の教育実践者は自らの努力を支える理論を得た。「学校学習の時間モデル」は学習者の入口と出口に合わせて教育内容と方法を調整しながら，一斉授業の中に子ども一人ひとりに対する学習支援の最適化を目指す ID の基盤となる考え方である。

　教師を目指す人の多くが，自分の授業を点検する枠組みとして ID の研究成果を活用し，一人でも多くの子どもたちにとって，より良い授業を実現できる教師になる努力を継続していく手がかりとしてもらうことを願っている。

### 参考文献

ケラー，ジョン・M.，鈴木克明監訳（2010）『学習意欲をデザインする——ARCS モデルによるインストラクショナルデザイン』北大路書房。

鈴木克明監修，市川尚・根本淳子編著（2016）『インストラクショナルデザインの道具箱101』北大路書房。

鈴木克明（2008）「インストラクショナルデザインの基礎とは何か：科学的な教え方へのお誘い」『消防研修（特集：教育・研修技法）』第84号（2008年9月）52-68。

鈴木克明（2005）「〔総説〕e-Learning 実践のためのインストラクショナル・デザイ

ン」『日本教育工学会誌』29巻3号（特集号：実践段階の e-Learning）197-205。

鈴木克明（2002）『教材設計マニュアル』北大路書房。

鈴木克明（1995）『放送利用からの授業デザイナー入門——若い先生へのメッセージ』財団法人日本放送教育協会。

Reigeluth, C. M. ed. (1999) *Instructional-design theories and models : A new paradigm of instructional theory* (Vol. II), Routledge.

---

**学習の課題**

(1) 出入口設計（目標・評価）

あなたが教えようと思う授業の内容を一つ取り上げ，表3-2を参考に「出入口分析シート」を作成してみよう。

(2) 指導方略作成（方法）

あなたが教えようと思う授業の内容を一つ取り上げ，表3-3を参考に「授業構成検討シート」を作成してみよう。

(3) 動機付け設計

あなたが教えようと思う授業の内容を一つ取り上げ，表3-5を参考に「動機づけ分析シート（ARCS モデル）」を作成してみよう。

---

【さらに学びたい人のための図書】

鈴木克明監修，市川尚・根本淳子編著（2016）『インストラクショナルデザインの道具箱101』北大路書房。

鈴木克明（2002）『教材設計マニュアル』北大路書房。

稲垣忠・鈴木克明編著（2015）『授業設計マニュアルVer. 2』北大路書房。

（根本淳子・鈴木克明）

# 第4章　学習環境デザイン

**この章で学ぶこと**

　学習環境をデザインするとは，学習者が学ぶこと自体の楽しさに気づき，創造的な学びを探究できるプレイフル（情熱的）な環境を準備することである。本章では，特に学習者の学びに向かう思考態度をポジティブなものにし，表現・協同・省察活動を通して，自ら学びのステージを拡張していける場のデザインに焦点を当てる。それは，学ぶことの楽しさ，成長的マインドセット，メタ認知などを重要視したラーニングデザインへのアプローチである。本章では，学習環境をデザインする際に必要な要素（KDKH），その中の活動（K）をデザインする方法としての TKF モデル，これらを含めて学習を活性化するための 4Ps を紹介する。

## 1　学習環境をデザインする

### （1）新しい時代の学びの到来

　学習環境という言葉からみなさんはどのようなイメージを連想されるだろうか。学校での授業はもちろんのこと，企業での研修，生涯学習センターや美術館などで行われるワークショップ[(1)]，音楽やダンスパフォーマンスのスタジオ，そして物理的制約を超えたインターネットの仮想空間など，私たちは多様な学習環境で学んでいる。学びとは，学習者が人や環境や道具との省察的な対話を通して自らの経験を再構成していくことであり，学習環境をデザインするとは，学習者のために創造的な学びを触発・支援する刺激的な場，状況，機会をつくりだすことである。

　学びが起こる場面は，目的，方法，場所などにおいて多様であるが，これらを 3 つの学びの場面（シーン）に分類してみよう（図4-1）。ここではこれらを，

第4章　学習環境デザイン

learning 1.0
学習指導を通して学ぶ
(learning through instruction)

learning 2.0
創造活動を通して学ぶ
(learning through making)

learning 3.0
パフォーマンスを通して学ぶ
(learning through performance)

図4-1　学びの3場面(2)

Learning 1.0，Learning 2.0，Learning 3.0と呼称する(3)。

　Learning 1.0は，インストラクション（学習指導）を通して知識を獲得する学びである。学校で学ぶ典型的なスタイルで，多様な学問領域から知的刺激を受け知識を拡張していく学びである。Learning 2.0は，ひとから与えられたものを学ぶのではなく，モノ（作品）づくりやアイディアを創出していくために，何度も試行錯誤を繰り返し，知識を構成していく創造的で協同的な学びである。スタジオやアトリエでの制作活動，ワークショップなどがその例である。Learning 3.0は，誰かに喜んでもらおうと精一杯準備をし，ステージ上で夢中になって行うパフォーマンスを通して，またそのためのプロジェクトの運営を通して学ぶものである。オーディエンスを楽しませたいという情熱に駆動されたプレイフルな学びで，ダンス，音楽，演劇などのパフォーマンスやプレゼンテーション，さらには，長・短期のプロジェクト活動はその典型的なものである。学びは，1.0の知識獲得型の学びから，2.0の知識構成型の創造的学びへ，そして3.0の他者へ向けたパフォーマティブでよりプレイフルな学びへと地平を広げ，学習者自らが学びのデザイナーとして様々な学びのシーンを編集していくのである。

　学習環境デザインに必要なのは，これら3種類の学びの場に合った学習環境の要素（次節で詳しく説明する）を有機的に組み合わせていくことであり，学習者をどのシーンでも本気で課題や活動に取り組めるよう支援することである。特にこれからの学びで身につけてほしい能力は，賢さや知識といった認知的な能力に加えて，コラボレーションやモティベーションという社会情動的スキル(4)

59

である。ここで想定している学習者のイメージは，目を輝かせて仲間と協同し，試しては修正し，粘り強く自分が設定したゴールに向かおうとする人たちである。このように学ぶことそれ自体を楽しもうという感覚や，失敗を投資と考え，新しいことにチャレンジしたいと思える環境はどのようにデザインすればいいのだろうか。この問いに少しでも答えようとするのが本章の目的である。

### （2）楽しさこそが学びのエンジン

① 楽しさはどこからくるのか

　世界は可能性に満ちており，自分が努力すれば能力をどんどん伸ばしていけると思っている学習者がいる。その一方で，世界は自分がどうふるまっても変えることはできない。また自分の能力も，努力しても伸ばせないと思い込んでいる学習者がいる。前者の学習者にとっては，チャレンジは「楽しい！」もので，後者の学習者にとっては，能力のなさを露呈する「危険！」なものである。このように学習者たちが持っている能力やチャレンジに対する考え方の違いは何が原因になって起こるのだろうか。スタンフォード大学のキャロル・ドゥエック（Carol S. Dweck, 2000）は，それは，私たちがもっている知能に対する個人の考え方（パーソナルなセオリー）によるものだと述べている。前者の知能観を成長的知能観（incremental theory）と呼び，後者を固定的知能観（entity theory）と呼んで，モティベーション理論を展開している。[5]

② 2つの達成目標

　成長的知能観をもった学習者は，達成目標として，自分の能力を伸ばし，自分が有能になっていくことをめざす学習目標（learning goal）をもっている。それに対して，固定的知能観をもった学習者は，学習そのものより，良い成績を取ることを目標とし，自分の能力が他者にどう評価されるかに関心を向けるという成績目標（performance goal）をもっている。学習目標を持っている学習者の場合，「学び」そのものが目標であるため，いつも前向きに課題をやりとげようという達成志向的（mastery-oriented）な行動パターンが現れるが，成績目標をもった学習者の場合，自信があり成功の確率が高いときは課題への取り組

みは活発になるが，自信がなく失敗しそうなときはチャレンジを避けようとし，無力感を伴った行動パターンをとるといわれている。ドゥエックらの研究は，学習者がもっている知能に対する考え方が，達成目標や，問題解決過程における粘り強さやモニタリングなどのメタ認知過程に影響するということを明らか[6]にしたことで，教育への応用可能な動機づけ理論として注目を浴びている。

　近年，ドゥエックは，成長的知能観を成長的マインドセット（growth mindset），固定的知能観を固定的マインドセット（fixed mindset）と呼び，学びに向かう心の姿勢や思考態度の重要性を強調し，学習者が，努力をすれば変わることができるという成長的マインドセットをもつようにすることが教育の課題だと主張している（ドゥエック，2006）。


## （3）21世紀の学習者の資質・能力（コンピテンシー）

　チャールズ・ファデル（Charles Fadel, 2015）を中心として21世紀型の能力観を構想している CCR（Center for Curriculum Redesign）は，教育の4次元モデルを提唱し，知識（knowledge），スキル（skills），人間性（character），メタ学習（metalearning）を新しい枠組みにして，21世紀に活躍する学習者像を描いている。このフレームワーク（枠組み）の第4の次元にメタ学習をもってきているところに注目したい。彼らは，省察性（Reflectiveness）に注目し，メタ学習をメタ認知と成長的マインドセットの2つで構成されるものとし，省察が学習者の諸能力に関与し，学びを拓いていくと考えている。

　図4-2は，ファデルらが構築した4次元の目標を，個人が育むべきコンピテンシーとして筆者なりにモデル化したものである。

　我が国の文部科学省が提案する新学習指導要領もほぼ同じようなヴィジョンと枠組みで構築され，これらの資質・能力を一人ひとりがどのような方法で身につけていくことができるかを，教育研究の最重点的課題としている。CCRのこの枠組は，世界中の32の資質・能力の枠組み（competencies framework）をリストアップ，分析，統合して作成されたことを考えてみると，世界の教育は同じ未来に向かって進もうとしているように思える。

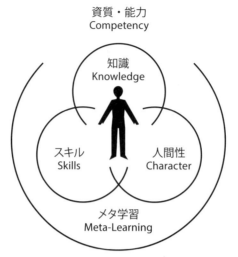

図 4-2　学習者の資質・能力（CCR の枠組みを参照して筆者作成）

### （4）学習環境デザインの目指すゴール

　新しい能力観へ向けて教育が進もうとする今日にあって，学習環境デザイナーは，学習者自らが成長的マインドセットを意識的に育み，「メタ学習」能力を駆使しながら創造的な学びに取り組んでいけるような場をデザインする必要がある。こうした能力は現実的には，授業やプロジェクトなどの具体的な目標やテーマに向けた活動に取り組むことによって活用され磨かれていく。学習環境デザイナーは，授業の課題や学習成果（アウトカム）やプロジェクトなどの目標の達成に意識を向けると同時に，学習者がどのように自分自身や学びに関する知識を再構成したかという，メタ学習方略の発達状況にも注意を向ける必要がある。

　以降の節で紹介する学習環境デザインの構成要素や，学習を促進する活動モデルや，創造的な学びのためのガイドラインは，こうしたメタ学習を強調した学びだけではなく，多様な目標に対応できる汎用モデルであるので，様々な学びの文脈・場面で活用してほしい。

　まず 2 節では，学習環境を構成する 4 要素を説明することによってデザイン

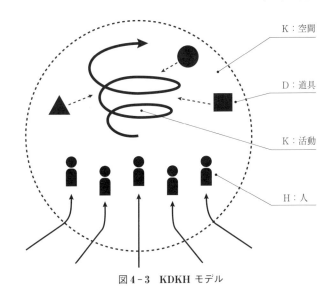

図4-3 KDKH モデル

の枠組みを紹介する。

## ２ 学習環境デザインの構成要素
(KDKH：「空間」「道具」「活動」「人」)

あなたが学習環境（＝場）をデザインする場合，考えなければいけない「場の要素」として次の４つがある。「空間（K）」「道具（D）」「活動（K）」「人（H）」の４要素であり，ローマ字の頭文字をとって，筆者は「KDKH モデル」と呼んでいる。これらがダイナミックに相互作用して「学びの場」が誕生する。すなわち，どんなところで，どんな道具を使って，どんな活動を，誰を対象にやるかを，まず決める必要がある（図4-3）。２節では，「空間（K）」「道具（D）」「活動（K）」「人（H）」をひとつずつ説明していく。

### （１）空間（K）
これから議論する空間のイメージを共有するために，筆者がデザインを任さ

　　　メタフロアー　　　　　　　　　　　経験のフロアー
　（リフレクションのフロアー）

図4-4　学習空間の多層構造

れて，KDKHを意識して設計した教室を例にして説明を行う。ここは，筆者が勤務する大学のワークショップ演習室である（図4-4）。

　この教室は，1階を「経験のフロアー」，2階のギャラリーの部分（中2階）を「メタフロアー（リフレクションのフロアー）」と位置づけ，空間の多層化を試みている。これは多層化された空間を物理的に移動することよって，身体の動きと認知とを連動させて，メタ認知を促し，さらにメタ認知の働きを意識させるためである。例えば，経験のフロアーでは夢中になってディスカッションし，協同で作品などの表現づくりに没頭し，人に考えを伝えようとするコミュニケーション活動が展開される。リフレクションをする時には，実際に中2階に上がっていき，直前まで没頭していた感覚を思い浮かべながら体験を再構成していくのである。この教室は，夢中と省察を繰り返すことが出来るパワフルな「学びの装置」になっている。垂直方向の2層に加えて，横の広がりとしては，可動式のテーブルとキャスター付きの椅子があり，グループディスカッションのためのレイアウトを自由に変えることができる。多様な活動を許容できる柔軟性と流動性が決め手である。

　照明も蛍光灯以外に，ダウンライトも備え付けてあり，明るさを自由に調整できる。教室の前には大きなスクリーンがあって，映像を大きく映すことができ，音響も迫力のある音で鳴らすことができる（音が外に漏れる心配をすると活動に集中できないため，スタジオ仕様の遮音ドアをつけている）。一人ひとりが心地

よい空間の中で学べるように，室内の温度はもちろんのこと，窓を開けて光と風を自由に取り入れたりできるように，空気の配慮も大切になってくる。

　もちろん，この空間は特別仕様のもので，一般的な学校の教室で同じようにすることは難しいが，それぞれの状況に合ったアレンジを試みることができる。例えば，普通教室を授業のフェイズ（段階）で次の3つの機能に分けて使うと，学習活動にメリハリができて効果的である。授業の進行に合わせて教室のレイアウトを変えていくのである。すなわち，1）ものづくりやコミュニケーションに没頭できる「スタジオ（studio）」，2）自分の考えや作品を発表できる「ステージ（stage）」，3）ゆっくりと自分の考えを吟味できる「シェル（shell）」（一人で静かに考え，省察できる場所），の3機能を空間にもたせて，学びの場をつくっていくことができる。

## （2）道具（D）

　授業やワークショップでは協同活動を支え，対話を促し，学びを深化させるための素材や道具が欠かせない。道具はコミュニケーションを活性化し，増幅し，楽しくするメディアであり，さらにカメラやビデオは体験を省察する認知的道具として，その威力を発揮する。筆者は，コミュニケーションや学びを活性化し，経験を深化させることができるメディアとして様々な道具を使っている。例えば授業では，学生が考えを可視化するためにブロックを使ってアイディアを立体的に組み上げたり，発色のいい水性マジックペンを使って長いロール紙（幅900 mm，長さ60 m）にイラストを描きながら意見や発想をまとめたり，進行中の議論内容がよくわかるように，大きな付箋紙（横634 mm，縦762 mm）を使ってスクライビング（リアルタイムに活動内容と参加者たちの行動を記録）している。さらに自分の考えているコンセプトをキューブ（1辺5 cm の紙で出来た立方体）に表現し，それを使って語り合ったり，ドキュメンテーション（記録）のためにビデオを撮ってその場で編集して，リフレクション・ムービーをつくり省察のために全員で視聴するなど，アナログからデジタルツールまで，多様なメディアを使っている。空間と道具は人を介して同期し，活動を

活性化する。子どものためのコンピュータ言語（LOGO）を開発したシーモア・パパート（Seymour Papert, 1980）は，「Object-to-think-with」という概念を提唱し，人はオブジェクト（モノ）に寄り添って考えたり，表現したりすることで，思考を深めると述べている。心理学者のシェリー・タークル（Sherry Turkle, 2007）も，人は自分が気に入ったモノを使うと思考が喚起されると言っている。[7] 普段から様々なオブジェクトの挑発性に注目し，新しいモノと出会ったとき，授業やワークショップにどのように使えるかなどを，いつも考えておくことが大切である。

### （3）活動（K）

　活動は学習環境デザインの要である。近年，「主体的・対話的で深い学び」を実現するために参加体験表現型のワークショップが学校の授業だけではなく，企業やミュージアムなど様々な場で行われるようになってきた。ワークショップでは，参加者（学習者）が協同作業を通して創造活動を行い，自らの体験を省察し意味づけられるよう活動をデザインすることが求められる。学習環境デザイナー（教師）は，活動のフレームワークをつくり，学生（生徒・児童）たちが情熱を持ってプロジェクトを仲間と共に実践していけるような環境を創出する必要がある。活動をデザインする時のプロセスモデルは次節で紹介するのでそれを参考にしていただきたい。また，大学のゼミなどで実践しているプロジェクト学習では，学生たちが自分でプロジェクトを立ち上げ，チームをつくり，目標の実現のための方略を考え，実行していくことができるように実践コミュニティ[8]を支援するのも，学習環境デザイナーとしての教師の役割である。ノーマン（1990）の『誰のためのデザイン？』に従えば，活動は空間や道具が提供するアフォーダンスによって駆動されるため，デザイナーは意図する活動が起きるための物理的環境を設え，準備することが重要である。[9]

### （4）人（H）

　学習環境デザインの構成要素の4つ目は人である。図4-5は，ある大阪の

第 4 章　学習環境デザイン

図 4 - 5　ワークショップ風景

小学校[10]で行ったプログラミング・ワークショップの風景である。

　この場は「プログラミング的思考」を耕すための学習環境デザインの「開発」現場であり，学びのための実践コミュニティである。主役である子どもたちはもちろんのこと，各学年担当の先生方，大学の研究チーム，地域コーディネータ，そして校長先生までも参加して，学びの共同体を創っている。全員が学びの当事者となって本気でこの新しい課題に挑戦し，授業のプロトタイプ（試作）をつくり，修正し，またつくり直そうとしている。プログラミングのセッションが終わった後も，子どもたちの感想や，参加者全員の気づきを大きな紙に書き出して，ワークショップデザインのヒントになるようなことや，この学びのプロセスにどんな意味があったかを全員でディスカッションしていく。同時に，活動のモデルや背景になる研究知見もみんなで共有していく[11]。そして，リフレクションの道具として RTV（Real Time Video）[12]という動画もワークショップと同時並行で作成し，ワークショップの終わりにセッションを振り返ることができるように編集して全員で視聴する。

　このように，多くの役割をもった人々が学びのリソースとしてネットワークされている。学習者たちにとっては，仲間との関わり，大人たちとの関わりが，「空間」「道具」「活動」とダイナミックな相互作用を起こしているのである。

　次節では，この KDKH の「活動」のプロセスに焦点を当てた TKF モデルを紹介する。

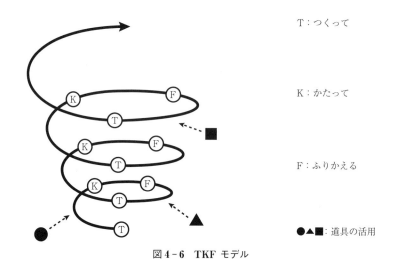

図4-6 TKF モデル

### 3　学習活動のモデル

**(1) TKF モデル**

　学習環境における「活動」は,「空間」「道具」「人」との有機的な関係性の中で立ち現れてくる。その活動をより探究的で,対話的で,省察的にするためのプロセスモデルが TKF モデルである。すなわち,「つくって (T)」「かたって (K)」「ふりかえる (F)」という活動を螺旋状に繰り返していくことによって,学習者の学びが深まっていくというモデルである (図4-6)。

　筆者が大学で行ったキューブを使ったワークショップを例に,TKFモデルの授業例を紹介する。テーマは,「あなたにとって学びとはどんなイメージですか」と設定した。

① つくって (T)

　まず第1フェイズ「つくって」では,各参加者はそれぞれが抱いている「学び」についてのイメージを,言葉や図やイラストを使って表現する。キューブは6面あるので6つのキーワードやイラストを図4-7のようにキューブ上に

第4章　学習環境デザイン

図4-7　「つくって」の表現活動

図4-8　「かたって」のコミュニケーション活動

可視化することができる。この作業で自分の今までの経験を振り返りながら，学びに対してどんなイメージをもっているのだろうかとキューブを手にとって，カラフルなペンなどを使って表現していく。6面を自由に使って，6つの関係性をあまり意識しないで，思いついたことを直感的に表現していく。この外化，可視化作業が第1フェイズ「つくって」の表現活動である。

② かたって（K）

そして，それぞれがソロ（個人の）活動で表現したキューブを参加者全員が持ち寄って語り合うのが，第2フェイズ「かたって」である。他者との相互作用の中で，自分のつくったイメージを自分の言葉で説明しつつ，省察的に吟味する段階である（図4-8）。複数の他者と語り合うことになるので，だんだんと自分の言葉や概念に磨きがかかってくる。これはドナルド・ショーン（Donald A. Schön, 1983）がいう，行為の中の省察（Reflection-in-Action）という活動である。この他者と語り合う中で，自分が描く学びのイメージ（知識・解釈）がより深い意味をまとっていくのである。言葉やイメージは語りながら滲み出てきたり，語っている間に「あっ！」と突然気づいたりして立ち起こってくる。

③ ふりかえる（F）

そして，この他者とのインタラクション中や語り合った直後に，もう一度自分のキューブを編集し直すのである（図4-9）。

このエディティング作業が「ふりかえる」という第3フェイズになる。行為についての省察（reflection-on-action）と呼ばれる省察的思考の段階である。

69

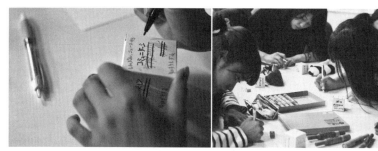

図4-9 キューブの編集　　　　図4-10 「ふりかえる」という省察的
　　　　　　　　　　　　　　　　　　　思考活動

　キューブの編集が終わったら，自分の学びのイメージがTKFのサイクルの中でどのように変わったか，さらに，TKFモデルで考えた体験についてもリフレクションペーパーに書いてもらう（図4-10）。
　このようにTKFモデルのフレームワークの中で，具体的な活動が行われていることがおわかりだと思う。(1)「つくって」，自分との対話を通してキューブの6面を構成し，(2)「かたって」，他者との語り合いの中で概念を鍛え，(3)「ふりかえる」，省察を通してイメージを再構成する，という3つのフェイズが螺旋的，発展的に循環していく。
　学習環境における「活動」をデザインするとき，活動を抽象化した「モデル」とそのモデルの基底となる「理論」，この場合，キューブを通して他者と語り合うことによって社会的に意味が構成されるという社会構成主義という理論を意識して，絶えず，「活動」「モデル」「理論」という三層を行ったり来たりしながら吟味する必要がある。このことによって自分がデザインするワークショップを多角的，多面的に省察することができ，このプロセスを繰り返すことによって活動をデザインする力が鍛えられるのである。
　TKFモデルは，活動のプロセスを表したメタモデル（モデルをつくるためのモデル）であり，このメタモデルを参考にして，読者の皆さんは独自のモデルを開発してほしい。筆者がTKFモデルを使って時系列に活動をデザインした「イタリアンミールモデル」を，その例として次に紹介したい。

## （2）イタリアンミールモデル

このモデルは，イタリア料理のコースメニュー（食事の手順）をメタファーにして開発したものである。アンティパスト，プリモ，セコンド，ドルチェ，エスプレッソという5つのコースメニューの順序を，ワークショップの活動の流れとして，以下のように時系列化し，それぞれの段階に意味をもたせた（図4-11）。

アンティパストの「注意と関連性」には，まず参加者達の注意をひいて，おもしろそうだ！と思わせることと同時に，自分たちの興味範囲と関連がありそうだという予感を与えるという意味がある。次のプリモとセコンドはワークショップの中のメインの活動として位置づけられる。プリモでは，モノづくりや何か夢中になるような活動を考え，参加者の「本気で関わる活動」を起こし，セコンドでは「語り合い」という言葉どおり，自分が作ったものを媒介にして他者とのコミュニケーションをはかる。ドルチェは「省察」であり，その日のメインの活動であったプリモ，セコンドを，ゆったりとした流れの中でふりかえる，という活動をもってくる。ここでは体験したことを省察的にふりかえることによって「体験」が「自らによって意味づけられた経験」に熟成していく。最後の段階は，エスプレッソによる「気づきと発見」である。プリモ，セコンドでの体験を，ドルチェで熟成させると，その後になんらかの強烈な気づきが訪れる。その気づきが学びという経験になっていくというのが，筆者が考えているイタリアンミールモデルなのである。お気づきのように，プリモ（つくって），セコンド（かたって），ドルチェ（ふりかえる）がメインの活動で，その前後にアンティパストとエスプレッソがついている，時系列モデルとなっている。

2節，3節と学習環境デザインの構成要素と活動のプロセスモデルを見て来たが，4節では KDKH と TKF モデルを活性化し，評価する指標としての4つのガイドラインを紹介したい。

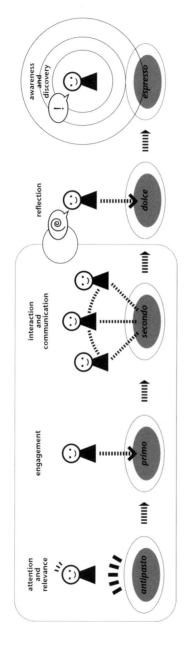

- アンティパスト—注意と関連性（attention and relevance）
- プリモ—本気で関わる活動（engagement）
- セコンド—語り合い（interaction and communication）
- ドルチェ—省察（reflection）
- エスプレッソ—気づきと発見（awareness and discovery）

図4-11 イタリアンミールモデル

### 4 学びを活性化する 4 つのガイドライン

　MIT Media Lab の Lifelong Kindergarten（LLK）グループは，創造的な学びを支援するプログラミング言語として開発した「Scratch[14]」を使って，世界中の子どもたちがネット上で交流し，探求・実験・表現することによって Creative Thinker（創造的思考家）を育もうとしている。このプロジェクトリーダーのミッチェル・レズニック（Mitchel Resnick, 2017）が，創造的な学びを生み出すためのガイドラインとして 4 つの P を提唱している[15]。それらは，Projects（課題），Passion（情熱），Peers（仲間），Play（遊び）であり，これらの頭文字をとって，4Ps と呼んでいる。このグループは，「ものづくりを通して学ぶ（learning through making）」という構成主義的な学びを提唱しており，これをコンストラクショニズム（constructionism[16]）と呼んでいる。この理論は，子どもたちは，自分にとってやる価値があると思うプロジェクトを通して，アニメやゲーム，ミュージック・ヴィデオといった具体的な「作品」をつくると同時に，それをどんな論理で動かしているかという「アルゴリズム（手順)」，すなわち手続き的な知識も同時に構成しているという考え方である。

　それでは，4 つの P をひとつずつ見ていこう。これは，レズニックのアイディアに基づいているが，本章のデザインモデルを踏まえた筆者なりの 4Ps の捉え方である。この 4 つは，KDKH と TKF モデルに命を吹き込み，「本気で楽しみながら，仲間と協同して，情熱をもってプロジェクトに取り組む」という学びを実現するためのエンジンになっている。

#### （1）プロジェクト

　子どもたちは，まず自分が作りたいと思うプロジェクト（例えばインタラクティブ・ゲーム）を構想し，それに向かって試行錯誤を繰り返していく。プログラミングというのは，最初から思ったようには動いてくれない。そのためには，自分が書いたコード（プログラム）を吟味し，どこが原因で違った動きを

したかを確認し，修正するメタ認知能力が重要なキーになってくる。ここで子どもたちが学んでいるのは，コーディングだけではなく，失敗は成功のための必要なプロセスであり，前に進むためのポジティブなアクションであるということである。だから，リスクを恐れずにチャレンジしていけるという精神と，失敗すれば立ち直ればいいというレジリアンス（resilience，回復力）が鍛えられていく。さらに Scratch では，作品の計画を最初に全部考えてからひとつひとつ作っていく思考パターンではなく，思いついたら試して（プロトタイピング），あれこれいじくり回しながら自分の作りたいものをみつけていくという，ティンカリングという創造のスタイルも学んでいくのである。まさに手と目と心を使って試行錯誤し，どんどん新しいことを発見していく学びのスタイルである。やってみて，修正を繰り返していくという，思考法が身についてくる。レズニックはこのようなプロジェクト活動が可能な学習環境をネット上につくったが，読者のみなさんは，この発想を基に，学習者が自分自身のプロジェクトを立ち上げることができるような環境（物理的，あるいは仮想空間）をデザインしてほしい。

（2）パッション

　Scratch という学習環境で大切なことは，自分が好きで興味あることに没頭できるということである。私たちは，自分が価値があると思ったことには，一生懸命に取り組むことができ，粘り強く，困難に立ち向かっていける。そして，徐々に自分が目指しているゴールが見えてきた時には，それこそ寝食を忘れて頑張れるのである。チクセントミハイ（Mihaly Csikszentmihalyi, 2008）がフロー（flow）という概念で呼んだように，自分のスキルレベルと挑戦したい課題がいい塩梅にマッチしたとき，断然やる気がでてくる。そして，挑戦レベルをちょっと背伸びしたものに設定して行くことによって，スキルレベルも伸びていく。この感覚が人間を前へ前へと駆り立てて行くのである。

## （3）ピアーズ

学びはソーシャルな過程だということを強調したい。ピアー，すなわち仲間がいるからこそ，自己との対話，他者との対話，対象世界との対話が深まっていく。ヴィゴツキー（Lev Semenovich Vygotsky, 1978）の「発達の最近接領域[19]」を場の理論に援用して筆者が考えた「憧れの最近接領域[20]」は，自分が憧れている場や人の側にいると，憧れを実現することができるという考え方で，一緒に協働して刺激し合う仲間と一緒だったら，どんな大変な作業でも楽しんで目的を達成できるという希望や可能性の領域のことである。ここに協同的自信（joint confidence）[21]が生まれる。学習環境を考えていく上でピアーズ（仲間）の存在はとても大切で，参加者同士の関係性がプロジェクトを通して変容して行くことも考えて，グルーピングをデザインする必要がある。仲間からフィードバックをもらってモノをつくっていくことの価値や，リミックス（remix）などを通して他者のアイディアの上にさらに自分の考えをつくっていくことによって知識構築（knowledge building）が可能になることなど，ピアーズを通して学び合うことの意義は大きい。


## （4）プレイ

レズニックはプレイというアプローチ（過程）を，1）楽しい実験をする，2）新しいものを試す，3）材料をいじくりまわす，4）自分の境界線を拡張しようとする，5）リスクをとる，6）何度も何度も繰り返す，と述べ，単なる遊び（just play）と区別している。そして，プレイフルスピリット（楽しみ真剣にチャレンジする精神）が創造的な学びにはとても重要なことだと主張している。彼は，「創造的な学びのための螺旋モデル（creative learning spiral）という TKF モデルによく似た，活動モデルを紹介している。それは，Imagine（想像），Create（創造），Play（遊び），Share（共有），Reflect（省察），Imagine（想像）という螺旋的なサイクルモデルである。

これは，創造的な学びを可能にするプロセスモデルであり，「つくることを通して学ぶ」という様々な活動に応用できるシンプルでパワフルな学びのモデ

ルである。この「プレイ」という概念は，学びという言葉がもつ「知識のインプット」というイメージを「知識は自ら構築し，アウトプットすること」という発明的な響きに変え，さらに，プレイを通してモノや環境と関わり，変容し続ける自己のアイデンティと可能性を多面的に捉える挑戦的な試みとして捉えることができる。それはプレイフルな学び（プレイフルラーニング）こそが，学びの本当の魅力を実現した在り方だと筆者は感じているからである。

学習環境をデザインする場合は，4Ps を TKF を回していくためのガイドラインとして活用し，学びの質を評価し，改善していく形成的評価の指標として活用してほしい。

## 5　未来の学習環境デザインに向けて

本章では，創造的な学びを実現するための学習環境に関して，まず，1）学びの場のイメージと，そこで学ぶ学習者像を描き，その後で，2）KDKH という学習環境デザインの4つの構成要素，3）TKF という活動モデル，最後に，4）学びを活性化するための 4Ps を紹介しつつ，学習環境デザインのための様々なキーワードを出来るだけ具体的な文脈の中に散りばめてみた。この章で説明してきたのは，創造的で，協同的で，省察的な活動を触発・支援するための学習環境デザインのあり方であり，学びへのプレイフル・アプローチである。

学習環境デザイナーは，学習者自らを「学びのデザイナー」に仕立て上げるメタデザイナーであり，学習環境デザインは，学びという刻々と変化する状況に即興的に対応しながら，より豊かな学びの経験を，学習者がリアルタイムに生み出していける場をデザインすることでもある。

本章で紹介したモデルは，現在も，より有効なモデルを求めて試行錯誤中であり，具体的な活動やモデル，その背景になる理論を結びつけながら探求しつづけている。学習環境デザインとは，ラーニングデザインのための永遠のプロトタイプづくりでもある。

第 4 章　学習環境デザイン

　創造的な学びを実現するための「教育方法と技術」はまだ研究途上であるが，学習者が他者との関係性の中で自分のポテンシャルを自覚し，場や状況や道具を活かして新しい学びを自ら発明・開拓していける場の生成にこそ学習環境デザインの挑戦がある。


注
(1)　茂木は，ワークショップを，「コミュニケーションを軸にした創造的で協同的な学びの活動や場」と定義している（茂木，2014，14頁）。
(2)　本章の図解はすべて，著者と公立はこだて未来大学の原田泰氏と共に作成したものである。
(3)　Learning 1.0，2.0，3.0という表現は，1.0から3.0へ進化するというイメージをもたれるかもしれないが，基本的には，学ぶ場によって起こる学びのスタイルの違いである。あえてこの表現にしたのは，伝統的な学びから，よりアクティブでパフォーマティブな学びへ挑戦してほしいという筆者の願いが含まれている。
(4)　協調性，好奇心，モチベーション，根気強さなどの非認知能力。
(5)　ドウエックは学校教育では子どもの関心が能力にあることを考えて，知能観という概念を中心に認知的動機づけ理論を展開した。固定的知能観は知能を実体（entity）として捉え，成長的知能観は知能を道具（instrument）として捉えている。
(6)　メタ認知とは，認知を認知するという概念で，自分自身の認知過程を対象化して俯瞰し，コントロールする能力と考えるとわかりやすい。
(7)　原文では，このように表現されている。"We think with the objects we love；we love the objects we think with."
(8)　Lave, J. & Wenger, E.（1991）が Communities of Practice と呼び，同じテーマに関心をもち，その分野の知識や技能を，相互交流を通じて深めていく人々の集団のことをいう。
(9)　ただし，ジェームズ・ギブソン（James Jerome Gibson）の提唱したアフォーダンスの考え方に従えば，学習とは知識の蓄積ではなく，おかれた環境の中から「活用可能な情報」を「知覚」する能力を発達させることを指す。
(10)　インクルーシブ教育を実践している大阪市立大空小学校。筆者は先生方とプログラミング教育の実践的研究を行なっている。子どもたちはもちろんのこと地域の人たちを巻き込んで，学習・研究コミュニティの新しいあり方を探っている。学習環境デザインの「開発」現場と呼んでいるのは，この背景があるためである。
(11)　このワークショップでは，ミッチェル・レズニックの著書 Lifelong Kindergarten（Resnick，2017）の中から 4Ps の要素を取り出して，ワークショップの基底になる理論をみんなでディスカッションした。

⑿ RTV（Real Time Video）は，リフレクションのためのビデオドキュメンテーションであり，即興的ビデオ編集メソッドである。ワークショップでは，振り返りが大切なので，RTVは参加者がその日の活動をそれぞれが意味づけをするための映像記録として機能している。

⒀ social constructivism の日本語訳。知識は，状況の中で他者や媒介物（道具）との対話的な相互交渉を通して社会的に構成されるという考え方である。学び手をとりまく文脈，コミュニティを入念に記述する状況論的アプローチと関係が深い。

⒁ Scratch は MIT Media Lab で開発されているコンピュータ言語で，S. パパート（Seymour Papert）が開発した Logo 言語の教育哲学を引き継いでおり，ユーザーがプログラミングのアイディアを交流できるネット上のコミュニティをつくることを重要視して開発された。「low floor（低い床）」「high ceiling（高い天井）」「wide wall（広い壁）」を考慮して開発されている。すなわち，とっつきやすく，一旦その世界に入ると奥行きが深く，しかもバラエティに富んだものがつくれるというプログラミング環境になっている。

⒂ 活動を支える4つのエンジンでもあり，活動をチェックする時のガイドラインとして活用してほしい。

⒃ 知識は伝達されるのではなく，自ら構成していくものだというジャン・ピアジェ（Jean Piaget）の constructivism（構成主義）を教育理論として展開したパパートの応用認識論であり教育的アプローチである。

⒄ 思ったら，すぐに実行するというのがティンカリングの思考態度である。Computational Tinkering（コンピュータと物理的なオブジェクトを連動させる）という考え方が，これからのプログラミング教育の中で重要な位置をしめる。

⒅ フローという概念は，人が何かに没頭している時の心の状態で，楽しさや喜びというプレイフルな経験を生む。

⒆ 発達の最近接領域とは，子どもが自力で問題解決できる現時点での発達水準と，他者からの援助や協同により解決可能となる，より高度な潜在的発達水準との距離をいう。ロシア語に忠実な訳として「最近接発達領域」と表現されるのが一般的である。

⒇ 憧れの最近接領域 「発達の最近接領域」を場の理論に置き換えて，憧れの人の側にいれば，夢が叶うという考え方。

㉑ 筆者は，自信にはふた通りの自信があると考えている。一人でできることの自信と，あの人とだったらこんなこともできるという協同的自信である。

㉒ 例えば現在検討中のテーマは，学びの3場面に learning 4.0を加え，多様な領域を横断することによって既成概念がくずれ，新しい発見があるという learning through moving や，HDKH にソーシャルメディアとしてパワフルな FOOD（食べ物）を加えたモデル，そして学習環境デザインを支えるステージ拡張理論などである。

## 引用文献

茂木一司編（2014）『協同と表現のワークショップ［第2版］——学びのための環境デザイン』東信堂。

ノーマン，D. A.，野島久雄訳（1990）『誰のためのデザイン？——認知科学者のデザイン原論』新曜社。

Csikszentmihalyi, M. (2008) *Flow : The Psychology of Optimal Experience*, Harper Perennial Modern Classics.

Dweck, C. S. (2000) *Self-Theories : Their Role in Motivation, Personality, and Development*, Psychology Press.

Dweck, C. S. (2006) *Mindset : The New Psychology of Success*, Random House.（ドウェック，今西康子訳（2016）『マインドセット「やればできる！」の研究』草思社）。

Fadel, C., Bialik, M., & Trilling, B. (2015) *Four-Dimentional Education : The Competencies learners need to succeed*, Center for Curriculum Redesign.（岸学監訳，関口貴裕・細川太輔編訳（2016）『21世紀の学習者と教育の4つの次元—知識，スキル，人間性，そしてメタ学習』北大路書房。）

Papert, S. (1980) *Mindstorms : Children, Computers, And Powerful Ideas*, Basic Books.（パパート，奥村貴代子訳（1995）『マインドストーム——子供，コンピュータ，そして強力なアイディア』未来社。）

Resnick, M. (2017) *Lifelong Kindergarten : Cultivating Creativity through Projects, Passion, Peers, and Play*, The MIT Press.（村井裕美子・阿部和広著、酒匂寛訳（2018）『ライフロング・キンダーガーテン——創造的思考力を育む4つの原則』日経BP社。）

Schön, D. A. (1983) *The Reflective Practitioner : How Professionals Think in Action*, New York : Basic Books.（柳沢昌一・美和健二監訳（2007）『省察的実践とは何か——プロフェッショナルの行為と思考』鳳書房。）

Turkle, S. (2007) *Evocative Objects : Things we think with*, The MIT Press.

Vigotsky, L. S. (1978) Mind in Society : The Development of the Higher Psychological Processes, Cambridge, MA : Harvard University Press.

Wilkinson, K. & Petrich M. (2014) *The Art of Tinkering*, Weldon Owen.（金井哲夫訳（2015）『ティンカリングをはじめよう——アート，サイエンス，テクノロジーの交差点で作って遊ぶ』オライリージャパン。）

**学習の課題**

(1) テーマを決め,「つくって・かたって・ふりかえる」というデザインモデルを使って,キューブを活かしたワークショップを企画してみよう。

(2) あなたが興味を持った学習環境(授業)を訪れて,どんな空間構成になっているか,どのような道具が使われているか,どんな活動がどのような支援によって行われているかを見て,KDKH,TKF,4Ps の観点からレポートにまとめてみよう。

(3) 本章で学んだ学習環境デザインのための,KDKH,TKF モデル,4Ps を使って,実際にワークショップをデザイン,実施,評価してみよう。


【さらに学びたい人のための図書】

上田信行(2009)『プレイフルシンキング』宣伝会議。

⇨自分の可能性にチャレンジしていくための多くのヒントが書かれている。特に成長的マインドセットの詳しい説明があり,学習環境をデザインする時に役立つ考え方を学ぶことができる。

茂木一司編(2014)『表現と協同のワークショップ[第 2 版]——学びのための環境デザイン』東信堂。

⇨ワークショップのつくりかたとその背景にある理論についてのレシピブック。ワークショップデザインに関するほぼすべてのことが書かれているので,理論と具体的方法を学ぶには最適の参考書である。

Wilkinson, K. & Petrich, M., 金井哲夫訳(2015)『ティンカリングをはじめよう——アート,サイエンス,テクノロジーの交差点で作って遊ぶ』オライリージャパン。

⇨サンフランシスコにある Exploratorium(https://www.exploratorium.edu)のティンカリングスタジオのことが詳しく紹介されている。ティンカリングの基本的な考え方をわかりやすく説明しているので,学習環境をデザインする時の参考になる。

(上田信行)

<table>
<tr><td>第5章</td><td>学びを深める授業研究</td></tr>
</table>

**この章で学ぶこと**

　教師の力量向上および授業改善にとって，授業研究は非常に大きな意味を持つ。授業研究は，学校現場で一般的に行われているような研究授業と事後協議会の方法だけではなく，多様な方法論が開発されている。本章では，授業研究の系譜を概観するとともに，科学的な分析に力点を置く授業研究，アクション・リサーチ，校内授業研究，そして ICT を活用した新しい授業研究を取り上げて検討する。また，日本の学校で受け継がれてきた授業研究が，Lesson Study として世界中に拡大している背景や今後の課題について考察する。

## 1　教師の学びと授業研究

### （1）授業研究の目的

　授業は，学習指導要領に基づいた各教科や領域の目標を達成するために，計画的・意図的に行う教育活動である。目標をもとにしながら，教師自身による教材研究と目の前の子どもたちの既習状況を考慮に入れ，具体的な学習指導案を作り上げていくことで，学級に即した学びを展開することが可能となる。しかしながら，授業の体験を多く積むだけで教師の授業力が高まるわけではない。また，授業は教師と子どもの相互作用によって成り立っているため，教師がいくら時間をかけて計画しようとも，計画通りに進むわけではない。だからこそ，子どものより良い学びを保障するために，理解状況に即した授業展開を検討したり，実践した授業の課題を解明したりすることを通して，次の授業へとつなげていく授業研究が重要となる。

　授業研究の目的を，吉崎（1991）は次の3つにまとめている。

① 授業改善：授業実践者である教師が一人であるいはほかの教師や授業研究者の支援を受けながら，自らが設計し実践した授業を分析・評価することによって，次の授業をより良いものにするための手がかり（処方箋）を得る。

② 教師の授業力量形成：授業を研究するという経験を通して，授業設計・実施・評価に関する力量を着実に身につけていく。

③ 授業についての学問的研究（授業原理の発見と授業理論・モデルの構成）：授業という社会的事象をアカデミックな立場から研究して，教師の授業実践を支援できるような科学的知見を得ようとする。

### （2）授業研究のこれまで

　日本における授業研究の歴史は長く，その時代の社会情勢や授業を研究する主体によりスタイルや力点の置き所が異なっている。これまでの授業研究を概観する上で，2つの軸に言及しておきたい。

① 「学校現場を源とする流れ」と「研究者を源とする流れ」

　日本における授業研究には，「学校現場を源とする流れ」と「研究者を源とする流れ」の2つの潮流がある。前者は，義務教育が制度化された1870年代以降に学校現場で始まった授業研究の流れであり，日々の教育実践の課題を解決するために，教師同士が教育や授業について対話することを基盤としている。一方後者は，1960年代以降の教育の科学化や現代化に伴って，研究者が中心となって推進した授業研究の流れであり，教師の名人芸や授業の特徴を科学的に解明することに主眼が置かれている。近年になって2つの潮流が合わさり，実践者と研究者の協働によって授業を対象化する研究が推進され始めている。

② 「開いた系」と「閉じた系」

　「学校現場を源とする授業研究」と「研究者を源とする授業研究」のどちらにおいても，目指す授業像によって授業研究のアプローチは大きく異なる。理想とする授業の型が明確にあり，その理想形にいかに近づけるかを目指す「閉じた系」の授業研究では，授業や授業研究の型が重要となる。一方，教師個々

の価値観を尊重し，協調によって行われる「開いた系」の授業研究では，教師コミュニティや同僚性に力点が置かれる。

これら2つの軸に基づき，姫野ら（2016）が作成した授業研究の系譜図を図5-1に示す。この図を見ると，1960年代に主流だった「閉じた系の授業研究」は1980年代を境に減少し，反対に「開いた系の授業研究」が増えてきていることがわかる。しかも，学校と研究者の協働による授業研究が増加してきているという特徴がある。この背景には，ドナルド・ショーン（Schön, D., 1983）が提唱した「省察的実践家」という新しい専門職概念がある。

ショーンは，専門的知識や科学的技術を合理的に適用する「技術的熟達者（technical expert）」に代わる新しい専門家像として，実践の状況と対話しながら行為を省察していく「省察的実践家」を提起した。教師の仕事は一般化された知識を有し，定型化された授業を繰り返すことでは務まらない。だからこそ，授業中の教師自身のみとりや意思決定過程の省察を重視した。近年の「開いた系の授業研究」は，このショーンの考え方に依拠するところが大きい。

## 2 授業研究の方法論

これまで概説してきたように，授業研究には多様なアプローチがある。ここでは，授業の科学的研究，アクション・リサーチ，校内授業研究（Lesson Study）の3つに分けて検討する。

### （1）授業の科学的研究

授業は多くの要素が複雑に絡み合って構成されている。授業を科学的に研究するにあたって，そのすべての要素を対象とすることは難しい。そのため，授業の中で起こっている一部に焦点化した授業研究法が開発されてきた。

① 授業のコミュニケーション分析

授業のコミュニケーション分析は，1960年代から70年代にかけて，アメリカを中心として開発された授業研究の方法論である。授業における教師と学習者

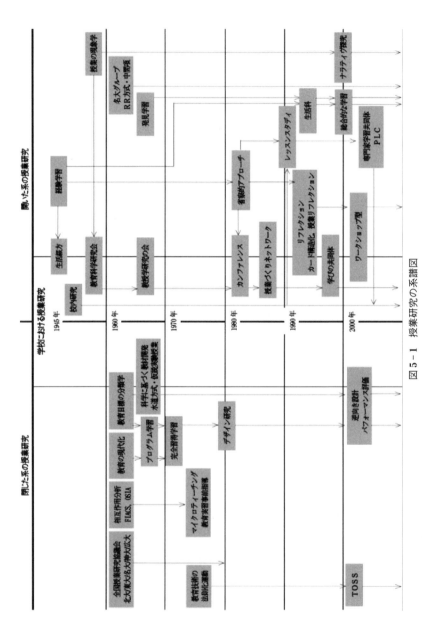

図5-1 授業研究の系譜図

出典：姫野ほか（2016）。

第5章 学びを深める授業研究

表5-1 フランダースによるカテゴリーシステム

| | | |
|---|---|---|
| 教師の発言 | 間接的影響 | 1. 感情を受け入れること |
| | | 2. ほめたり，勇気づけること |
| | | 3. アイディアを受け入れたり，利用すること |
| | | 4. 発問すること |
| | 直接的影響 | 5. 講義すること |
| | | 6. 指示すること |
| | | 7. 批判したり，正当化すること |
| 生徒の発言 | | 8. 生徒の発言―― 応答 |
| | | 9. 生徒の発言―― 自発性 |
| | | 10. 沈黙あるいは混乱 |

の発話の内容や流れに着目し，それを類型化するところに特徴がある。最も代表的な授業研究法は，フランダース（1986）により開発された FIAS（Flanders Instructional Analysis System）である。分析は，以下の手順で行う。

- 授業者および学習者の発言をすべて文字に起こし，逐語記録を作成する。
- すべての発言に対して，話者の交代もしくは3秒ごとに区切りを入れる。
- 表5-1のカテゴリーにあてはめて，区切りごとにカテゴリー番号を付す。
- カテゴリーの遷移を整理し，マトリックス表に集計する。

実際の発話例を用いて研究手順を示す。授業における教師と子どもの発話は，表5-2のように，①→②→③……⑫と時系列に流れる。それぞれの発話を話者交代もしくは3秒ごとに区切り，表5-1のカテゴリーをもとにラベルを付すと，①[5]→②[6]→③[8]→④[9]→⑤[5]→⑥[5]→⑦[6]→⑧[10]→⑨[4]→[4]→⑩[8]→⑪[6]→⑫[8]となる。これを前後のペアで整理すると，【①[5]→②[6]】【②[6]→③[8]】【③[8]→④[9]】のように分けることができる。この前後のペアを授業全体について整理すると表5-3のようになる。このように教師と生徒の発話内容と流れを可視化することによって，各々の授業の雰囲気を解明しようとした。

85

表5-2 授業における教師と子どもの発話例

（[ ]内の数字は，表5-1を参照）

| 時間 | 教師の発言 | 子どもの発言 |
|---|---|---|
| 0 | ①それでは授業を始めましょう。／[5]<br>②日直さん，お願いします。／[6] | |
| | | ③これから，3時間目の算数の勉強を始めます。／[8]<br>④始めます。[9] |
| | ⑤はい。始めます。[5]<br>⑥昨日は，がい数を使った計算について勉強しました。／[5]<br>⑦昨日のノートを見てください。[6] | |
| 1 | | ⑧（ノートを開く，沈黙）[10] |
| | ⑨どんな時にがい数で計算すると便利だったか，／[4]みんなに言ってくれる人。[4] | ⑩はい．はい。[8] |
| 2 | ⑪じゃあ，Aさん。／[6] | ⑫正しくなくても，だいたいの数を知りたいときです。どうですか。[8] |

表5-3 FIASによる分析例

| 前　　後 | 1 | 2 | 3 | 4 | 5 | 6 | 7 | 8 | 9 | 10 | 計 |
|---|---|---|---|---|---|---|---|---|---|---|---|
| 1 | 2 | 1 | | 3 | | | | | | | 6 |
| 2 | 1 | 29 | 1 | 42 | 6 | 4 | | 1 | 4 | 5 | 93※1 |
| 3 | | | 2 | 1 | 2 | 1 | | | | | 6 |
| 4 | | 2 | | 46 | 3 | 4 | | 68※2 | 7 | 26※3 | 156 |
| 5 | | | | 21 | 217 | 5 | | | 2 | 4 | 249 |
| 6 | 2 | | | 7 | 9 | 26 | | 2 | | 5 | 51 |
| 7 | | | | | | | | | | | 0 |
| 8 | 1 | 54 | 1 | 10 | 1 | 3 | | 1 | | 3 | 74 |
| 9 | | 7 | 1 | | 2 | | | | 8 | 3 | 21 |
| 10 | | | 1 | 26※3 | 9 | 8 | | 2 | | 76 | 122 |
| 計 | 6 | 93※1 | 6 | 156 | 249 | 51 | 0 | 74 | 21 | 122 | 778 |

第5章　学びを深める授業研究

　授業中の授業者と学習者の発話の遷移過程を，このような一つの表にまとめることにより，たとえば表5-3から次のようなことが指摘できる。
- 生徒のことをよくほめている授業である（カテゴリー2が93回）表5-3の※1
- 教師の発問に，生徒は概ね応えている（カテゴリー4-8が68回）表5-3の※2
- 教師の発問に対して生徒が反応できない時，教師は改めて発問し直している（カテゴリー4-10が26回，10-4が26回）表5-3の※3

　このように授業中の発話に注目して分析することにより，授業者と学習者の発言内容や関連を数値で表すことができ，またそれにより授業同士を比較することも可能となる。

② 授業の構造の分析

　授業をできる限り詳細かつ客観的に分析することを目指すとともに，それぞれの授業の固有性を表現しようとする授業研究法に，重松（1961）によって開発された「授業過程の分節化」がある。分節化された例を図5-2に示す。

　この授業研究法は，実践された授業の中に隠された中核的な個所を見極めるべく，教師の指導意図や子どもの追究の方向等で分節に分け，それぞれの分節に働いている力や，授業のねらいとの関係をもとに，授業の構造をつきとめる点に特徴がある。ここでいう分節とは，導入・展開・まとめといった教授の段階ではない。教師と子どもの両面の動きを考慮に入れ，また人によって異なる区切り方や根拠の違いも重視する。そのような多様な捉え方について議論することを通して，授業の中核的な分節や構造を解明し，授業改善の手がかりを探究していくのである。

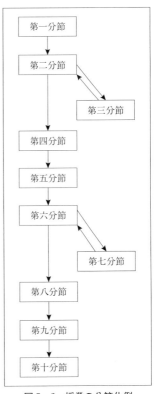

図5-2　授業の分節化例

表5-4　新任教師・経験教師の発問後の待ち時間の比較

|  | 新任教師 | | | | 経験教師 | | | |
|---|---|---|---|---|---|---|---|---|
|  | 発問数 | 平均 | 標準偏差 | 最頻値 | 発問数 | 平均 | 標準偏差 | 最頻値 |
| 4月 | 9 | 1.62 | 4.07 | 0 | 162 | 0.839 | 1.32 | 0.3 |
| 5月 | 29 | 7.88 | 18.02 | 0 | 120 | 0.992 | 1.38 | 0.5 |
| 6月 | 16 | 10.11 | 31.1 | 0 | 123 | 0.671 | 0.98 | 0.27 |

出典：浅田（2002）。

③　待ち時間に焦点を当てた授業研究

　科学的な授業研究が目指しているのは，熟練教師の教授技術やスキルを解明するとともに，それを教員養成に援用することである。そのため，ある特定の要素について，熟練教師と初任教師を比較して，その違いを明らかにする研究が行われてきた。その一つに，授業における待ち時間の研究がある。

　浅田（2002）は，経験教師と新任教師の授業における，発問後の待ち時間に着目し，その事例研究を行っている（表5-4）。そして，経験教師と比べて新任教師は，発問後の待ち時間が長く，バラつきが大きいことを明らかにしている。また，4～6月の3か月間の授業について，待ち時間の推移を検討し，経験教師の授業では，子どもとの関係が構築されるにつれて子どもの反応を予測できるようになるため，待ち時間が短くなること等を指摘している。

　科学的な授業研究法は，明示化されにくい授業の特徴を客観的に表すことができる点に特徴がある。近年，このような科学的な授業研究は減少傾向にあるが，科学的な授業研究の知見を省察に活かすといった混合研究も期待される。


（2）アクション・リサーチ

　先述した授業の科学的研究は，対象となる授業の特徴や課題を俯瞰するのに適している一方で，目前の授業実践に介入し，授業改善や教師の力量向上に直接的に迫る研究法ではない。授業実践の課題に対して当事者の立場から解決を目指す研究方法の一つとして，レヴィン（Levin, K., 1946）によって提唱されたアクション・リサーチがある。

第5章 学びを深める授業研究

表5-5 授業リフレクション研究の方法

| |
|---|
| 1. 自己の授業実践へのこだわり，納得していないことの意識化 |
| 2. 1についての反省→問題らしきものの意識化 |
| 3. 原因の検討：<br>　カリキュラム，教材，教師の指導法，子ども自身の何らかの問題，直接的教育環境，<br>　その他 |
| 4. 仮説的問題発見 |
| 5. 問題の課題化―仮説設定 |
| 6. 仮説に基づく研究計画の立案・設計 |
| 7. 6に基づく実験授業のための教材研究，立案設計 |
| 8. 7の実験授業実施 |
| 9. 8の記録作成。自省記録作成；"事中反省 reflection in action"，"事後反省 reflection<br>　on action" に留意 |
| 10. 9の分析・考察 |
| 11. 10の第三者との共同的・批判的検討と対話的考察 |
| 12. 以下，析出した課題による5～11のスパイラルな展開・発展 |

出典：澤本（1998）。

　アクション・リサーチとは，「こんな社会にしたい」という思いを共有する研究者と研究対象者とが展開する共同的な社会実践のことを指し（矢守，2010），現状を少しでも望ましい状態へと改変することを目指す多くの領域で用いられている。これが教育研究へと波及し，1980年代以降に示された省察的実践家やTeacher as Researcher の概念と連動して，授業実践を解決する方法として活用されるようになってきている。ここでは，いくつかの研究法を紹介する。

① 授業リフレクション（自己・対話・集団）

　授業リフレクション研究は，教師が授業中の自分や子どもの姿を意図的に捉え，それを手がかりに振り返りながら授業改善の方策を講じることを目指して，澤本・お茶の水国語教育研究会（1996）が提案した授業研究の方法である。

　そこでは，実践を振り返って課題を見つけるといった表面的なことだけではなく，授業者自身がデータに基づいて自分の経験を記述し，自分が子どもに託した願いや教師として求めたこと，そこで子どもが何を学んだのか，取り上げた学習材・教材の価値はどこにあるのか等について深く掘り下げて考える。

　リフレクションの主観性の偏りを克服し，了解性を高めるために，教師が一人で行う自己リフレクションだけではなく，対話リフレクションや集団リフレ

表 5 - 6　カード構造化法におけるツリー構造図の作成方法

1. 授業の観察：　実際の授業に参加する，あるいはビデオ記録を視聴する。
2. 印象カードを書く：授業観察の後，全体としての印象を単語あるいは単文で表現する。
3. 関連カードを書く：授業に関して次々に思い浮かぶことを一枚一項目で書き落とす。
   個人の「感じ」，個人の「表現」を大事にする。
4. 関連カードの分類とラベリング：すべてのカードを単なる類似の度合いに基づいて2
   群に分ける。その後，それぞれの群にその群を代表する「見出し語」（以下，「ラベ
   ル」と呼ぶ）をつける。
5. 4の作業で分けた一つをさらに2分し，それぞれにラベルを貼る。また，その一つを
   2分してそれぞれにラベルを貼るというように，分けられなくなるまで続ける。残り
   の一つも同じように2分し，ラベルを貼る。
6. 印象カードを中央において，5で得られたラベルを，次元をそろえて展開し，ツリー
   を作成する。
7. ツリーをもとにラベルとラベルの類似，背反，相関，原因＝結果などを線で結びなが
   ら構造化し，考察する。プロンプターがついてツリー作成者の語りの中のキーワード
   や，十分意識化されていない内容を引き出し，ツリー上に記入する。
8. グループ（4，5名）でお互いにツリー構造図を共有し，共通性，差異性について話
   し合う。
9. 以上のプロセスを振り返って，自分の授業の見方について考察する。

出典：藤岡（1995）。

クションという共同研究者との対話を通じた対象化の過程を取り入れる。授業
リフレクション研究の方法を表5-5に示す。

② 　カード構造化法

　カード構造化法は，教師が自分の知覚や意思決定の特徴に気付いたり，自分
の授業に潜んでいる潜在構造を発見したりすることを目指して，藤岡（1995）
が開発した授業研究の方法である。教師自身の語りを重視し，教師が授業を見
て感じたことに基づいて，自らの枠組みを意識化する点に特徴がある。授業観
察を通して感じたこと等を現象カードや関連カードに可能な限り記述し，それ
を類似の度合いに基づいて二群に分ける。さらに，それぞれの群を二分すると
いう活動を繰り返し，分けられなくなるまで続ける。できあがったツリー構造
を教師同士で共有・分析し，自らの授業の見方の特徴や傾向を探索する。カー
ドをあえて二分することによって，意識化することを促進する。具体的な手順
を表5-6に示す。

表5-7　日本における校内授業研究の流れ

| |
|---|
| 第1次：問題の明確化 |
| 第2次：学習指導案の立案 |
| 第3次：授業の演じ（事前授業研究） |
| 第4次：授業評価とその効果の反省 |
| 第5次：授業の改訂 |
| 第6次：改訂版学習指導案による授業の演じ（校内授業研究） |
| 第7次：再度の授業評価と反省 |
| 第8次：結果の共有 |

出典： Stigler & Hiebert（1999）.

## （3）学校における授業研究（校内授業研究，校内研修，Lesson Study）

　日本の学校現場には，古くから教師同士が協働で授業を研究する文化がある。教師相互で授業を見合い，授業について協議を行ったり，学校が直面する課題の解決に向けてカリキュラムについて検討したりする実践が，全国の学校で推進されている。このような学校における授業研究は，明治期から授業批評会という名で存在していた。その形式は一様ではなく，カリキュラム開発が主だった時期もあれば，新しい教科の導入に伴う教材研究が主だった時期もある。学校の教職員のみで行う場合もあれば，学校外の教師や指導主事等を招いて行う場合もあり，またその呼称も多様である。最も一般的なものとして，表5-7のような8段階が示されている。近年では，付箋を用いたワークショップ形式で推進されたり，参観者が分担して授業中の子どもの学習状況を観察し，それを共有したりするような方法が用いられる場合も多い。

　横浜市教育センター（2009）の調査によれば，教師の授業力向上において「学年や教科担当間等のチームで授業を見合い，協議を行うこと」，「子ども理解や教材，指導法などについて研修会を行うこと」が効果的であると示されているように（図5-3），学校をベースとして授業研究を行うことは，日本の子どもたちの学力を支える基盤となってきた。

　日本におけるこのような授業研究の文化に対して，近年諸外国からの注目が集まり，現在は Lesson Study と呼ばれて世界各国で実践されるようになっている。しかしながら日本では，多忙化や世代交代に伴って授業研究が形骸化し

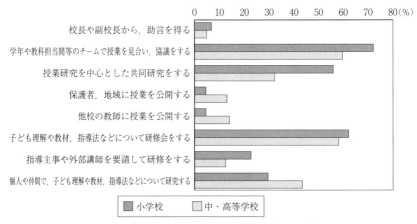

図5-3 授業力向上のために効果的だと思う取り組み
出典：横浜市教育センター（2009）。

ているという指摘もある。また，「省察」⇒「事後に振り返ること」⇒「PDCAサイクル」⇒「事後報告書」といった関連で捉えられることにより，「事後報告書」を義務付けることに終始してしまう場合も少なくない。授業を対象化し，深い省察を促す校内授業研究の方法論の開発が求められている。

### 3　授業研究の新しい動向

#### （1）教師の「みえ」に焦点を当てた授業研究

　教師の力量向上にとって，授業がいかにみえるかは重要な課題である。齋藤（1969）は，「教育とか授業とかにおいては『みえる』ことは『すべてだ』といってもよいくらいである」と述べている。授業において教師は，自分にみえたように発問や指示を行う。また，観察者として「みえた」ことをもとに，事後協議会での議論に参加する。つまり，教師にとって「みえる」ことは授業改善の基盤と言え，その教師の「みえ」を可視化し，力量向上につなげることが重要である。

　教師が自らの授業を省察するには，自分の技能を映し出す鏡的な機能，たと

えばビデオ映像等があると，効果的な省察につながる。しかし，これまでのリフレクション研究で用いられていたビデオ映像は，教師自身が客観的に捉えられた映像であり，授業者が授業中にみていたこととは異なる。授業を行っている教師自身の視線で授業を記録し，それを振り返ることによって，授業中の教師自身の「みえ」を対象化できる。姫野（2016, 2017）は，授業者にウェアラブルカメラを装着してもらい，授業者の視線で撮影した映像を活用してリフレクションを行う，「主観カメラによる授業研究法」を開発している。それにより，授業中の即時的な認知や判断（reflection in action）に迫ろうとしている。

そこでは，熟練教師の視線で記録した授業映像を，授業者とともに授業後に視聴しながら，30秒ごとに停止し，授業実施中にみていた対象や意図，考えていたこと等を調査している。授業中の教師の視線や，そこでの認知等を整理したものを図5-4に示す。この主観カメラによる調査を踏まえて授業実施中に教師Mが視線を向けた対象を分析した結果が表5-8である。

表5-8から，教師Mは，④複数の抽出児に視線を向ける回数が最も多く，次に①子ども全員，そして⑧黒板に視線を向けていることがわかる。一方，⑤発表者に視線を向ける回数はそれほど多くない。教師Mはどのような意図で④複数の抽出児に視線を向け，認知・思考しているのだろうか。該当する25場面における発話データを分析したところ，「学力レベルに応じた理解状況の確認」「授業ペースの確認」「当該場面で頼りになる／心配な子どもの確認」の３つがあることが示された。

ある授業場面をどのようにみて，その場面をいかに解釈するかは，人によって異なる。とりわけ，教職経験が豊富な教師と教育実習生では，「みえ」の違いが大きい。授業を研究する際の基盤をつくり出すためにも，お互いの授業の「みえ」を共感・共有することが重要である。

## （2）授業研究への ICT 活用

情報化社会が急速に進展する昨今，教育においても情報技術を活用する動向が進んでいる。これまでも，ビデオカメラを用いた授業研究等は行われてきた

| 時間 | 授業中の教師の視線 | 教師Mの振り返り |
|---|---|---|
| 3：30 |  | 最初に実はこの子を確認しました。上位の子どもです。黙々と作業に入っていたので，上位の中では大抵の子どもができているんだなっていうふうな思いをしつつ，この子が下位なんです。下位の子どもが，はさみを持ち始めた。同時にこの子もはさみ持ち始めてますよね。それで結局切って操作をしようとしているレベルと，それから定規を使ってやっている，こんな感じのレベルの把握をしました。実際今回はちぎってっていうの取り上げなかったんですよ。でも，それで確認しようとしているんだなと。今までの履歴は使っている子どもの段階と，それから応用できそうな，定規で分割するっていう方法使ってる子どもの分類を，ざーっと洗った感じ。 |
| 4：00 |  | 今度は上位の子どもを最終的に拾い上げるときに，どこまでのレベルになってるのかを確認したくて，26番と20番と21番を中心に見に行きました。21番は子どものほうから声かけてきたので，それに対応しました。（さっき定規の子ですか。）そうです。1点から分けてるのかなと思ったら，360度抜く方法を取っていて，こっち側は1点から，もう式を知っている子どもと見たので，ここもここも。じゃあ，その3人の中で類別できるなと思って見てました。 |

図5-4　授業のある場面における教師Mの視線とそこでの認知・思考

が，ネットワークや SNS 等を活用した方法も開発され始めている。

① 授業研究のコミュニティを支援する eLESSER

　校務の多忙化に伴い，複数の教師が同じ場所，同じ時間帯に会することが難しくなりつつある。平日の日中に授業研究のための時間を確保できたとしても，限られた時間の中で議論を深めることは容易ではない。このような状況を解決するために，鈴木ら（2010）は Web ベースの授業研究支援プログラム「eLESSER」を開発している。授業ビデオや指導案，テレビ会議，掲示板の機能を実装した eLESSER では，授業を教室で参観できない場合であっても，Web 上に掲載された指導案にコメントをしたり，映像をストリーミングで視

第5章　学びを深める授業研究

表5-8　教師Mの授業実施中の視線傾向（回）

| 視線項目　　　　　　授業時間 | 0-10 | 10-20 | 20-30 | 30-40 | 40- | 計 |
|---|---|---|---|---|---|---|
| ①子ども全員 | 2 | 6 | 5 | 2 | 4 | 19 |
| ②子ども集団（発表者以外） | 2 | 2 | 0 | 0 | 0 | 4 |
| ③子ども集団（小グループ） | 2 | 0 | 0 | 6 | 1 | 9 |
| ④子ども集団（複数の抽出児） | 3 | 6 | 7 | 3 | 6 | 25 |
| ⑤子ども（発表者） | 2 | 1 | 1 | 1 | 1 | 6 |
| ⑥子ども（発表者以外） | 4 | 1 | 2 | 1 | 2 | 10 |
| ⑦メディア（教材） | 0 | 0 | 0 | 0 | 0 | 0 |
| ⑧メディア（黒板） | 2 | 3 | 3 | 7 | 4 | 19 |
| ⑨その他（掲示物・時計） | 2 | 1 | 2 | 0 | 0 | 5 |
| ⑩視点なし（焦点定まらず） | 1 | 0 | 0 | 0 | 1 | 2 |
| 計 | 20 | 20 | 20 | 20 | 19 | 99 |

聴したりすることができる。Web ベースで参加できるため，異なる学校に在籍する教師が参加することも可能である。

　少子化に伴う学校規模の縮小が，とりわけ地方の学校で進んでいる。それに伴い，学校内に同教科の同僚がいない等の状況が生まれつつある。縮小社会が進むこれからの時代，ネットワークを用いて時間的・空間的制約を取り除くことができる授業研究法の開発がますます重要になる。

② 授業の記録を支援する LessonNote

　学校における多くの授業研究では，参観した授業をふまえて，事後に研究協議を行う機会がある。そこでは，授業参観の際に記録したメモが鍵を握る。授業中の教師や子どもの言動，それに対する参観者なりの解釈や思いを丁寧に記録しておくことにより，授業を多角的に検討する際の根拠となる。しかしながら，時系列に流れる授業を詳細に記録することは難しい。また，たとえ記録することができたとしても，その記録をどの場面で書き記したのか，それはなぜか等，参観者の知覚や解釈を合わせて記録することは困難である。

　このような課題意識から生み出されたのが，日本の学校で行われてきた授業

95

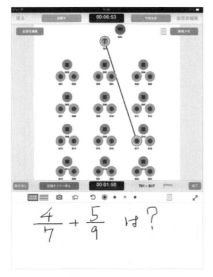

図5-5 iPad における LessonNote の活用例（App store より）

研究の知恵をもとにデザインされた授業観察用のツール LessonNote である（詳細は，http://lessonnote.com/jp/ 参照のこと）。LessonNote は，Lesson Study Alliance が，プロジェクト IMPULS（国際算数数学授業研究プロジェクト）と共同開発したiPad用の授業観察支援ツールであり，座席表に合わせて子どもの言動を記録したり，活動の様子を写真で撮影したりすることができる。座席表ごとの記録回数や授業形態ごとの時間配分を統計データで表示する等の機能が実装されている。LessonNote の記録例を図5-5に示す。

## 4　世界に広がる日本の授業研究

日本の授業研究が世界に広く知られるようになって10数年が経過した。そのきっかけは，スティグラーとヒーバートによって著された *The Teaching Gap* である（Stigler & Hiebert, 1999）。日本，アメリカ，ドイツの授業ビデオを比較検討し，アメリカやドイツと比べて，生徒中心的で発見型である日本の授業が

図 5-6 日本とアメリカの授業研究の違い
出典：Lewis & Hurd (2011).

高く評価され，その基盤となる学校における授業研究に注目が集まった。同書では，日本の学校における授業研究が，"kounaikenshuu" "Jugyou kenkyuu" として取り上げられ，教師の協働によって授業設計や改善を行う文化に焦点があてられた。日本における「校内授業研究」が "Lesson Study" と英訳され，今では世界中に広がっている。

　日本の学校では，教師が協働で授業を参観し，事後に協議を行う授業研究が古くから行われているが，諸外国にはそのような文化は存在していなかった。学習指導要領や教科書などの制度上の違いもあり，国によって教師に求められる役割や専門性も異なる。ルイスら（Luwis & Hurd, 2011）は，アメリカと日本の教師の活動の違いを図 5-6 のように示している。諸外国では「何を教えるか」，日本では「いかに教えるか」に重点が置かれる点で大きな違いがある The Teaching Gap が発刊されて以降，Lesson Study が世界中に広がった。欧米のみならず，アジアやアフリカにも拡大しつつある。2006年には，世界授業研究学会（World Association of Lesson Studies）が設立され，教育研究のネットワークも構築されている。このように急速に "Lesson Study" が広がった背景には，JICA を始めとする国際協力の一環として，授業研究を軸とした教師教育を推進してきたことも大きい。国際協力の成果を持続的なサイクルへと展開していくためには，自律的に授業改善に取り組む教師を養成することが鍵

となる。日本の学校現場で継承されてきた授業研究法が，世界中の授業改善に寄与することが今後も期待される。

　諸外国では，日本における授業研究をベースとして，それぞれの国の制度や文化に合わせた授業研究法が開発されつつある。日本の授業研究の強みを生かしつつ，諸外国で発展した授業研究法に学ぶことを通して，マンネリ化した日本の授業研究を活性化することが求められる。

### 参考文献

浅田匡（2002）「教授学習過程における「時間」の意味を考える」野嶋栄一郎編『教育実践を記述する』金子書房，135〜154頁。

齋藤喜博（1969）『教育学のすすめ』筑摩書房。

澤本和子（1998）「授業リフレクション研究のすすめ」浅田匡・生田孝至・藤岡完治編『成長する教師——教師学への誘い』金子書房，212〜226頁。

澤本和子・お茶の水国語教育研究会（1996）『わかる・楽しい説明文授業の創造——授業リフレクション研究のススメ』東洋館出版社。

重松鷹泰（1961）『授業分析の方法』明治図書。

鈴木真理子・永田智子・西森年寿・望月俊男・笠井俊信・中原淳（2010）「授業研究ネットワーク・コミュニティを志向した Web ベース「eLESSER」プログラムの開発と評価」『日本教育工学会論文誌』33（3）：219〜227頁。

姫野完治（2016）「教師の視線に焦点を当てた授業リフレクションの試行と評価」『日本教育工学会論文誌』40（Suppl）：13〜16頁。

姫野完治・細川和仁（2017）「熟練教師には授業中になにがみえているのか？——主観カメラを活用した視線と認知的枠組みの分析」『日本教育工学会全国大会』33：529〜530頁。

姫野完治・生田孝至・三橋功一（2016）「授業研究の系譜」生田孝至・三橋功一・姫野完治編『未来を拓く教師のわざ』一莖書房，189〜196頁。

藤岡完治（1995）「授業者の「私的言語」による授業分析——カード構造化法の適用」水越敏行監修『授業研究の新しい展望』明治図書，42〜57頁。

矢守克也（2010）『アクション・リサーチ』新曜社。

横浜市教育センター（2009）『授業力向上の鍵——ワークショップ方式で授業研究を活性化！」時事通信社。

吉崎静夫（1991）『教師の意思決定と授業研究』ぎょうせい。

Flanders, N. A. (1986) "Analysis and In-service Training," *Journal of Teacher Education,* 37 : 126-133.

Lesson Study Alliance (2015) "LessonNote"

第5章　学びを深める授業研究

http://www.lsalliance.org/LessonNote/LN_User_Guide_jp.pdf 2017.9.1参照

Lewin, K. (1946) "Action research and minority problems," *Journal of Social Issues,* 2 : 34-46.

Lewis, C. & Hurd, J. (2011) *Lesson Study Step by Step : How Teacher Learning Communities Improve Instruction,* Heinemann.

Schön, D. A. (1983) *The Reflective Practitioner : How Professionals Think in Action,* Basic Books. (柳沢昌一・三輪健二監訳 (2007)『省察的実践とは何か──プロフェッショナルの行為と思考』鳳書房。)

Stigler, J. & Hiebert, J. (1999) *The Teaching Gap : Best Ideas from the World's Teachers for (Education) Improving in the Classroom,* The Free Press. (湊三郎訳 (2002)『日本の算数数学教育に学べ──米国が注目する jugyo kenkyuu』教育出版。)

---

**学習の課題**

(1)　大学の講義等で授業ビデオ（あるいは授業）を視聴した際のメモ等を読み返し，自分の授業の見方にどのような特徴があるか，あるいは変化してきたかを探ろう。

(2)　教師や教師集団の成長・発達における授業研究の意義を整理するとともに，教師コミュニティの協働による授業研究を意義のあるものにする方法を考えよう。

---

**【さらに学びたい人のための図書】**

浅田匡ほか編 (1998)『成長する教師──教師学への誘い』金子書房。

　　　⇨教師が学び，成長・発達する上で不可欠な「省察」について，その方法や成果が詳しくまとめられている。

秋田喜代美ほか編 (2008)『授業の研究　教師の学習──レッスンスタディへのいざない』明石書店。

　　　⇨日本の学校現場で受け継がれてきた校内授業研究について，教師の学びのプロセスや学習コミュニティを構築する方法について紹介されている。

藤原顕ほか (2006)『国語科教師の実践的知識へのライフヒストリー・アプローチ──遠藤瑛子実践の事例研究』渓水社。

　　　⇨元中学校教師・遠藤瑛子が，実践経験を重ね，授業を研究・改善していくことを通して，生涯にわたり成長していく過程を，ライフヒストリーの視点でまとめている。

（姫野完治）

| 第6章 | 基礎的な教育技術と |
|---|---|
| | アートとしての教育技術 |

**この章で学ぶこと**

　授業を展開するにあたっては，教育技術（テクニック）が必要である。教育技術を知っているか知らないか（究極的にはできるかできないか）によって，授業の成否は大きく変わってくる。そして，このような教育技術は伝達可能なものである。本章では，まず，教育方法における教育技術の位置付けについて論じた後に，基礎的な教育技術について明らかにしていく。しかしながら，そういった教育技術も「誰が」使うのかという，使い手によって異なってくる。本章では，教師の教育観によって表現される教育技術を「アートとしての技術」と呼ぶ。最終的に，教師の力量形成のための視点を提示する。

## 1　教育方法と教育技術

### （1）教育技術とは何か

　初めて教壇に立つことを考えてみよう。

　「それでは授業を始めます。教科書の○ページと資料集の△ページを開いてください」という，ごくありふれた教師の言葉に違和感を覚えるだろうか。実は，初心者が陥りやすいミスが2つ隠されている。

　通常多くの教師は，授業開始と同時に授業内容に入ることはしない。「導入」と呼ばれる最初の数分を使って授業内容に関連のある話をするなどして，児童生徒の興味関心を引き出すのが一般的である。また指示をまとめて出すこともしない（これらについては本章第2節参照）。これらが教育技術（テクニック）と呼ばれるもので，教育技術を知っているか知らないか，できるかできないかによって，授業の質は大きく左右される。

第6章　基礎的な教育技術とアートとしての教育技術

　授業を展開するためには，教育技術は必要である。たとえば，料理をするた
めには料理の技術が必要なように，あるいは運転するためには運転技術が必要
なように，適切な教育技術なくしては，授業は成立しない。教育技術をより平
易な言葉で言うならば，それは「教え方」と呼ばれるものであろう。「あの先
生は教え方がうまい（あるいは下手）」という話は，学校教育を経験した人間な
ら誰しも一度は耳にしたことがあるはずである。

　ところが，これまで大学の教員養成課程では「教育技術」を真正面からそれ
ほど扱ってこなかった。教育技術を扱う教育方法学は，「教育目的の達成のた
めに利用されるあらゆる教育の方法・技術」を意味し，その特質は「『何のた
めに，何を，どのように』教えるかという『目的―内容―手段』の関係につい
て常に新しい関係を樹立する創造的性格」（柴田，2004，19～22頁）にあるとさ
れている。しかしながら，教員養成科目の「教育方法論」などで扱われる対象
は，主として，ヘルバルト（4段階教授法），ブルーナー（発見学習），デューイ
（問題解決学習）やブルーム（完全習得学習）といった欧米の教育思想，日本では
木下竹二（合科学習），遠山啓（水道方式），板倉聖宣（仮説実験授業）といった偉
人の理論であることが多い。

　おそらくここには，教育技術は実用的なものであり学問的ではない，大学は
学問を学ぶ場であるという暗黙の類別がされているのかもしれないし，教育技
術は教育現場で学ぶものだ（ＯＪＴ<sup>オン・ザ・ジョブ・トレーニング</sup>で学ぶもの）という前提があるのか
もしれない[1]。また教育技術は具体的な事象（国語なら国語，社会なら社会の教育技
術といった個別具体性もあるし，小学校・中学校・高等学校それぞれにおける個別具体
性もある）を扱うことが多いために，すべての教育活動において汎用性をもっ
たものにはなりにくいという理由も考えられる。

　もちろん，偉人の思想などを学んでいくことによって，様々な教育方法を抽
象的に捉え理解することには大きな意義があり，それを否定するつもりはまっ
たくない。しかしながら，やはりこれだけでは不十分であるといわざるをえな
い。なぜならば，これらを学んだとしても冒頭で述べたような「授業」をして
しまう可能性があるからである。授業そのものをどのように構成するのか，発

問をどう作るのか，上手な説明の仕方，教師の立ち振舞いなど，授業を進めるにあたっては，実に多くの教育技術が存在する。

## （2）アートとしての教育技術と教育方法

　では，教育技術さえ学んでいれば，より豊かな教育実践ができるのかといえば決してそうではない。「どう教えていくか」という教育技術には，それを用いる人の「人となり」が現れるからである。人となりとは，その人の見方，考え方，哲学，在り方であり，言い換えれば，その人の「教育観」である。本章ではこれを「アートとしての教育技術」と呼ぶ。たとえば斎藤喜博は次のように述べる。「教師の仕事としていちばん大事な場面である授業も，それがほんとうに創造的なものであり，探究的なものであれば，その授業は芸術と同じ高さになり，芸術と同じ感動を人に与える。そしてそういう授業をすることによってだけ，子どもも教師も満足し成長し，自己変革をとげることができる」（斎藤，2006，125頁）。その人のみが生み出すことのできる創造的な教育技術が，アートとしての教育技術なのである。

　氷山の図で説明しよう（図6-1参照）。水面から上の部分が，可視的な部分，つまり「見える教育技術」（基礎的な教育技術）である。しかし水面下にはより大きな氷が隠されており，その大きな氷に支えられて上の部分が存在する。この水面下の見えない部分がアートとしての教育技術であり，その根本部分には，その教師の哲学や在り方がある。つまり，哲学や在り方といった「教育観」が基盤となって上部の「見える教育技術」を支えているのである。

　たとえば，同じ教材を用いて，同じ授業を展開しても，Aという先生はわかりやすいのに，Bという先生はわかりにくいという経験はないだろうか。あるいは，社会科で公害を扱う際に，日本各地で公害問題があったことに焦点を当てて教える教師と，公害問題に絡んで人権侵害が生じたことも併せて教える教師がいるように，同じ教材であっても，教師によって着眼点や強調点が異なることはよくある。

　ここにおいて，「どう教えるのか」という教育技術の視点だけでなく，「誰が

第6章　基礎的な教育技術とアートとしての教育技術

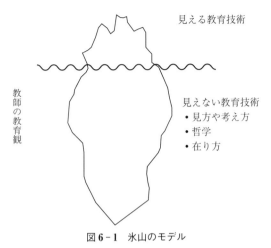

図6-1　氷山のモデル
出典：筆者作成。

教えるのか」という視点が極めて重要になってくる。先に教育方法学の特質とは「常に新しい関係を樹立する創造的性格」であるとした。つまり、この創造的性格を支えるのが、「誰が教えるのか」という教師の教育観なのである。教材を集めるとき、あるいは分析するとき、すでにその教師の見方や考え方に基づいてその行為はなされている。それがその「教師らしさ」につながってくる。その教師にしか出せない教育技術があることを私たちは認めなければならない。

このように、基礎的な「見える教育技術」は、授業を進めていくためには必ず学んでおかねばならない重要な要素であるが、それだけでは十分ではない。「アートとしての教育技術」を豊かにしていくことによって、自らの教育方法が創造的性格を帯びて強大なものに形を変えていく。そして、この根幹となる基盤（見方や考え方、哲学、在り方）をより厚いものにしていくために、私たちは先達の多様な取り組みや思想を知ることが必要であり、また自分自身の実践を省察する（振り返る）中で自己理解を深めていくことが必要なのである。

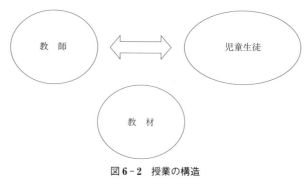

図6-2 授業の構造
出典：筆者作成。

## 2　基礎的な教育技術

**（1）授業づくりの基礎：導入・展開・まとめ**

　授業とは，「教育課程と指導計画を前提とした一定の時間割に従い，ある決められた学級で，教師と児童・生徒（集団）とが，一定の教科・教材を媒介として，はたらきかけあう（相互作用）かたちで進められている人間的営為」（天野，1995，143頁）である。つまり，教師からの一方向的な働きかけ，たとえば一方的に話し続ける講演やモノローグ独話などは授業とはいえず，教師と児童生徒が，また児童生徒同士がともに複雑な関係性の中で，教育内容や教材を介しながらお互いに影響を与え合う営みである（図6-2参照）。

　この働きかけ合うことを予測していくのが，いわゆる学習指導案である。教師がこう発言したら，児童生徒はどう反応するだろうか，その反応を受けて教師は何をするのか，話し合いにはどれくらいの時間をさこうか，といった具体的なやり取りや時間配分を想像し立案していくのが，学習指導案である。

　本章では，各教科によって学習指導案の作成の作法が異なるために具体的な指導案作成については述べないが，一般的な授業の流れ（〈導入〉-〈展開〉-〈終末（まとめ）〉）とポイントを以下において示していく。[3]

〈導　入〉

　「先生，このまえキャンプに行ったときにこんなきれいな石を幾つか見つ
　　けたの。でもよく見てみるとなんか模様とか違うんだよね。石って全部同
　　じじゃないのかなぁ？」

　小学校6年生理科の「土地のつくりと変化」を扱う際の導入例である。導入
とは，その時間に学ぶ内容の方向付けや児童生徒の動機付けを行っていくため
の時間である。児童生徒の日常生活と本時の内容との結びつきを教師が示した
り，あるいは授業内容に関係する視聴覚教材を示したりすることによって，こ
れから何について学んでいくのか，この時間に学ぶことは面白そうだという学
習意欲を喚起するために行われる。気をつけなければならないのは，あくまで
本時の教育内容と関連する形で導入を考えていくという点である。

〈展　開〉

　授業の中核的な役割を担う部分であり，もっとも時間をかけるのが展開部で
ある。当然のことながら，展開部では児童生徒に伝えられる教育内容が多くな
るために，教師が一方的に話す（説明する）時間に陥りやすい。そこで大切に
なってくるのが，「発問」と展開部の構成である（発問については次項を参照）。

　授業改善の視点として「主体的・対話的で深い学び」が提示されたが，展開
部においては，とくに対話的な要素，すなわち他者との関わりの中で協働的な
学びが進んでいるかどうかが大きなポイントとなる。教師の働きかけに対して，
教室の中で相互作用が生じるように工夫する，具体的に言えば，自己内対話の
時間，グループを単位とした話し合い，教室全体での共有などが組み込まれる
ように授業を構成していく必要がある。このような活動を組み込んでいくこと
によって，児童生徒の認識がより深まっていくのである。

〈終末（まとめ）〉

　その時間に扱ったことを，授業のねらいに即して振り返り，まとめをしてい
く時間である。児童生徒が自らの言葉で授業を振り返り，どういったことを学
んだのかまとめていくことによって，授業内容を構造化し，自己評価する力が
形成される。

## （2）教師の指導言：発問・説明・指示

　教師が授業中に話す言葉は，「説明」，「発問」，「指示」，「助言」，「評言」等に分類される。本項では，説明と発問，そして指示について取り上げる。

〈発　問〉

　発問とは，個人および学級集団の思考活動を誘発し，学習効果を高めるために教師が児童生徒に向けてなされる問いとされている（天野，1995，158頁）。つまり，教育的な意図を持って授業中になされる教師からの問いかけが発問であるといえよう。しかし，発問には単なる問いかけ以上の重要な意味が込められている。これは，「質問」と比べてみると明らかである。

　どちらも英語では，question と表記されるが，質問の場合は，尋ねている話者は答えがわからず，その答えを求めて対象者に語りかける。一方，発問の場合，教師はその答えを知っていることが前提になる。児童生徒に問いかけることによって，子どもたちの思考を刺激し，より深く学ばせることが発問の持つ大きな意義なのである。

　たとえば，「駅にはどのように行けばいいですか？」という問いで考えてみよう。質問であれば，尋ねている話者は駅までの道がわからず，行き方を教えてほしいという要求がある。一方，この問いを仮に社会科においてなされる発問であるとすると，その意味は大きく異なってくる。教師は，児童が駅までの道順を地図を頼りに正確に答えることができるか，あるいは道順を答えることを契機に街のつくりに関心をもたせようとするなど，教育的な意図をもって聞いており，教師が駅までの道のりを知りたいわけではない。

　このような機能をもつ発問には，一般的に「ゆれの少ない発問」と「多様な考えを引き出し深める発問」がある[4]。ゆれの少ない発問とは，端的に示せば，一問一答型の発問であり，答えが明確に示されるものである。たとえば，「太陽はどちらの方角から昇ってきますか？」，「三権分立の三権って何ですか？」，「南蛮貿易で輸入された品物は？」などが該当する。

　これに対して，多様な考えを引き出し深める発問とは，児童生徒の考え方や

ものの見方をゆさぶり，思考の発達をねらうものである。たとえば，「鉄砲の伝来によって戦い方はどのように変化し，世の中にどのような影響を与えたでしょう？」という発問は，鉄砲が伝わる前と後の戦い方を比較し，そこから築城の形や身分制度まで考えを深めていく発問であるといえる。あるいは『ごんぎつね』において，「『ごん，お前だったのか』という兵十の台詞は，語尾を上げて読むか，下げて読むか」という発問は，児童生徒が作品を読み込んで解釈を深めていくための発問であるといえよう（野口，2011，42～43頁）。

このように，ゆれの少ない発問は事実について「教えていく」際に多用されるのが一般的であるのに対して，多様な考えを引き出し深める発問は，その授業のねらいと密接に結びつき，児童生徒の認識を新たな境地へと導いていく発問であるといえよう。ゆえに，後者の発問は「中心発問」（主発問）と呼ばれることが多く，授業の山場を作り出すことに直結している。授業の成否は，よい発問を準備できるかどうかに大きく依拠している。

しかし，発問を準備するからといって，問いをすぐに考えてはならない。まず，その授業のねらいは何か，児童生徒に理解させたいこと，学ばせたいこと，つけたい力は何なのかということを明確にする必要がある。つまり，授業の到達点を明らかにすることで，授業そのものが構造化され，次いで，その場面場面において児童生徒に答えてほしい内容を明確にしてから，発問を作成しなければならない。発問づくりがうまくいかない場合のほとんどは，授業内容そのものを教師が理解できていないことに起因する。

〈説　明〉

先にも述べたとおり，中心発問は児童生徒のさらなる成長のために意図的に思考に揺さぶりをかけるという点において，最も重要視されている。授業研究などで検討されることが多いのも，この中心発問である。しかし，発問のみで教育活動が成立するかといえば，そうではない。むしろ，授業の大半は教育内容を説明する時間に当てられており，実は，「授業がうまい（あるいは下手)」というのは，説明が上手にできるかどうかに大きく依拠するのである。説明を意味する explain は，語源的には平らにしていくこと，なめらかにしていくこ

とを意味している。つまり，より平易な表現で物事を示すのが説明なのである。

　では，わかりやすい説明とは，どのような特徴をもっているのであろうか。第一に，具体例が豊かであることである。授業内容が抽象的になればなるほど，具体的な例で説明する必要がある。日常生活との結びつきを意識した説明は，児童生徒にとっても想像しやすく教育内容の理解を促進していく。またこれは，児童生徒のつまずきを予想した説明にもつながってくる。関連した用語（たとえば「市場価格」「独占価格」「物価」「カルテル」「需要と供給」）などは混乱を招きやすいため，これら諸概念を生活経験と関連させながら説明することが重要である。

　第二に，端的であることである。長ったらしい説明は，説明している本人が十分に理解していない場合が多い。説明する内容を理解し，要点をまとめ，内容を整理することがよい説明につながる。たとえば，「これから3つのポイントについて説明します。まず1つ目」とするだけでも，聞き手の思考を整理することにつながる。

　第三に，視聴覚教材（映像，写真，実物，グラフ，図など）などを用いて，児童生徒に具体的にイメージさせることである。教師が実際に実演してみることも，これに含まれる。口頭での説明には限界があることを認めた上で，積極的に視聴覚教材を活用し「見える化」を図っていくことも重要な技術である。

〈指　示〉

　指示とは「子どもの行動に働きかける指導言」（日本教育方法学会，2004，322頁）であり，一般的に指示のない授業は存在しない。「教科書を机の上に出しなさい」，「グループの形にしなさい」，「廊下に並びなさい」などは，すべて指示である。指示は基本的に命令の形を取ることが多いので，指示の多い授業は，命令が多い授業になる。本来，児童生徒の主体性を育んでいく教育の場において，命令を意味する指示が多いということは，あまり好ましいことではないといえるだろう。そこで重要になってくるのが「隠れ指示」と呼ばれるものである。

　ある教師は，導入において大きな白黒写真を児童に黙って提示した。すると

第6章　基礎的な教育技術とアートとしての教育技術

児童は口々に「焼け野原？」，「これどこ？」，「いつの写真？」，「戦争中なん？」と声に出して発言した。教師は一切指示を出していないにもかかわらず，授業が進行し始めたのである。実はここに，教師の隠れ指示がある。「写真を見てください」。「この写真を見て感じたことを言いなさい」。少なくともこれらの指示は教師から発せられていないが，あたかも発したかのように授業が進んでいく。おそらく学級開きの4月頃はこうではなかったかもしれない。4月から継続して行われている授業の中で，教師は当初は明確な指示を出しつつ，次第に指示をしなくなっていったことが考えられる。児童生徒の中に教師の指示が内面化されていき，教師が指示を出さなくても教師が意図したように児童生徒が動くようになる，それが隠れ指示がもつ意味である<sup>(5)</sup>。

　さて，多くの教育技術書の中で取り上げられているのが，一時一指示の原則である<sup>(6)</sup>。これは，指示を出す際には多くのことを一度に指示するのではなく，一つひとつ確認しながら指示を出すことである。多くの指示を出されても，児童生徒が覚えているのは最初の1〜2個の指示であり，後半の指示はほとんど頭に入っていない。たとえば，「教科書の23ページを開いて，資料集も机の上に出しておいてください。ノートには今日の日付とめあてを書きなさい」という指示には，少なくとも3つの指示が入っている。そしておそらく教科書と資料集を出して満足し，ノートのことはすっかり忘れている児童生徒が出てくることは，容易に想像できる。教科書の23ページを開くこと，資料集を出すこと，ノートに日付とめあてを書くこと，それぞれの行動に対して児童生徒ができたことを確認しながら一つひとつ進めていくことが，指示が散漫にならない技術なのである<sup>(7)</sup>。


（3）教師の所作の基礎技術

　教師の行動にも基礎的な技術が存在する。ここでは最も基礎的な机間指導と，コミュニケーションの基礎を取り上げよう。

〈机間指導（机間巡視）〉

　机間指導（机間巡視）は，個別作業やグループでの作業などをしている際に教師が児童生徒の進行具合を確認するために行われる。より具体的にその目的を示せば，第一に，児童生徒が課題に向き合っているかどうかをチェックすること（行動の確認），第二に，どのようなことを話し合ったり書いたりしているかチェックすること（内容の確認），第三に，話し合いの内容などから児童生徒を指名する順番を教師が考えること（意図的指名の考案）である。[8]このように机間指導は明確な目的を持って行われるものであるので，漫然と歩く「机間散歩」にならないように気をつけなければならない（児童生徒にプレッシャーを与えないように散歩のように歩きながら，実はしっかりと見ているのが理想であろう）。

　また教育実習生などがよく陥りがちであるのが，黒板の前から離れることができず教卓近辺のみを歩いたり，あるいは無意識に親しい児童生徒のところに行くという偏った歩き方をすることである。あらかじめどのルートを通って机間指導を行うか決めておくことで，ある程度は自分の歩き方の癖を防ぐことができよう。また机間指導の際に，特定の児童生徒に付きっきりになってしまうことで，教室全体が雑然としてしまうことにも注意しなければならない。

〈コミュニケーションの基礎：ま・み・む・め・も〉

　教職は対人援助職の１つであり，他者とのコミュニケーションを基盤として教育活動を行う。つまり，児童生徒との間にコミュニケーションが成立しないことには，授業そのものが成り立たない。杉浦健はこのコミュニケーションのコツを「ま・み・む・め・も」を用いて非常にわかりやすく提示している（杉浦，2005，66～71頁）。以下杉浦の見解を踏まえて要点を示していこう。

ま　間を大切にする

　次に述べるような経験をしたことはないだろうか？　テレビを付けながらあなたは別の作業をしている。テレビの音が突然消えたので，テレビに目を向けると，ほぼ無音の CM が流れている。このように，間とは意図的にわずかな隙間を作り出すことである。あなたが CM によって作り出された間によってテレビの方を向いてしまったように，大切なことを話す時，少しだけ間を取る

と児童生徒の視線は教師に集まる。名優と呼ばれる人たちの台詞の間のとり方は非常に優れている。終始同じペースで話し続けるのではなく，とくに注目させたいときなどに意図的に間を作り出すのも，授業コミュニケーションの一つのコツである。

**み　身振り手振り（ボディーランゲージ）**

　何かを話すとき，身体から発せられるメッセージも含めて相手に伝わっていっている。笑顔で話をする教師からは，明るいメッセージが伝わってくるだろうし，あるいは緊張で身体がこわばっている教師からは，自信の無さが伝わってくるだろう。先の机間指導にも関わるが，教卓周辺にしかいない教師よりも教室の中を歩く教師のほうが，物理的に児童生徒との距離が近くなり，親近感に変化が出てくる。

**む　無視をしない**

　Ａさんが発言したことを，教師は何の意味付けもしなかった。一方別の児童生徒を当てた際には，「そうですね。よくわかったね」という反応をしたとしよう。Ａさんはどう感じるであろうか。おそらく自分の発言したことは教師の意図から離れており，正解ではなかったと感じ，疎外感を抱くであろう。結果的にＡさんは授業から，そして教師から離れていくかもしれない。「私はあなたを無視していません」というメッセージは，児童生徒の存在を認めることであり，優れて人間の根本的な要求を満たすことにつながる。[9]

**め　目を見て話す**

　教師が児童生徒に目線を合わせることには，2つの意味がある。1つは教師が下や黒板を向いて話をすることを防ぐこと（教育実習生に非常に多い），2つ目に児童生徒が授業へどの程度関わっているか確認することである。ただし，目線が合うことは児童生徒を「見つめること」とは異なる。まんべんなくすべての児童生徒と一瞬目線が合うような目の配り方ができることを目指してほしい。

**も　モニタリングする**

　舞台にいる人が自分たちの声を聴くために設置してあるスピーカーをモニ

ターというが，授業においても，教師は自らが話している内容が児童生徒に正しく伝わっているのか，理解させているのか，モニタリングしながら進めていく必要がある。授業が独りよがりのものにならないためにも，児童生徒の顔つきや反応をモニタリングすることで，授業を臨機応変に対応させながら実施していくことが可能になる。

## 3  アートとしての教育技術と教師の熟達化

### （1）授業場面における教師の3つの役割

　これまで述べてきたような基礎的な教育技術はすべて，その教師の教育観（哲学や在り方）を土台として成立している。本節で教師の教育観を明らかにしていくにあたり，まず教師には一体どのような役割があるのかについて考えてみよう。

　授業という場面に限って見てみると，そこには少なくとも3つの役割が見いだせよう。まず，授業を準備する段階で必要な教材研究をする「リサーチャー」の役割である。教科書といった主たる教材の分析だけではなく，新聞やニュース，映画，駅のポスターなど教材になりうるものは街中にあふれている。教材を読み解くだけでなく，教材になりそうなものを発見する役割，それが教師のリサーチャーとしての役割である。

　実際の授業場面に目を移してみよう。教師は授業を実際に行う「パフォーマー」として存在する。国語の時間に範読をする場合も，そこには一定のパフォーマンスが含まれているし，児童生徒の発言に相槌や評言（「すごいね」や「なるほどなぁ」）を入れるのもパフォーマンスである。さらに，職員室でイライラしたからといって，その姿を児童生徒に見せつけてはならない。演者として児童生徒の前に立つ役割をパフォーマーと呼ぼう。

　とはいえ，授業の主役は教師ではない。あくまで児童生徒の成長や発達を促していくために教師は存在している。あの児童は目立つことが好きだからこの場面で実演してもらおうとか，あの子は手を挙げないけどノートにはいつも感

想をたくさん書いているから，授業のはじめに紹介してあげようとか，児童生徒の特徴を活かした授業デザインが必要である。この教師の役割は，まさに授業の「プロデューサー」である。

　このように，教師には授業を展開するにあたって3つの役割が必要とされる。そしてこれらの役割は伝達可能な（ゆえに誰でも習得できる）テクニックというよりも，そのような役割の中でいかに児童生徒と向き合うのかという教師の在り方を意味している。つまり，教師が日常においてどのように世界を見ているのかということが，リサーチャーとしての教師役割につながってくるし，どのように児童生徒の前に存在するかということが，パフォーマーやプロデューサーの役割につながってくる。教師自身は一体何者なのか，教師が人生において大切にしているものは何かというものに支えられて，教育実践は進んでいく。

## （2）教師の熟達化とリフレクション

　かつてショーン（D. Schön）は「技術的合理性」（technical rationality）に基づいた「技術的熟達者」（technical expert）として描かれる専門職の限界を問いた（Schön, 1983 = 2001）。技術的合理性に基づいた技術的熟達者とは，一定の知識や技能があれば，ある設定された単純な問題状況に対処できるというものである。本章でこれまで述べてきたことと関連させて示せば，発問を作ることについて知っていれば，授業において発問を有効に活用できるという考え方である。しかしながら，実際の教室には様々な児童生徒が存在し，極端な言い方をすれば，自分のクラスでうまくいった発問が隣のクラスでも機能するとは限らない。つまり，現実の不安定な教室状況の中では，この場合はこうするといった「方程式」に当てはめるような方法で万事全てうまくいくわけではなく，どこに問題状況があるのかという「問題の設定」から始めなければならないのである。

　そこでショーンは，行為の中（in）で，行為について（on），そして状況の中で対話する「反省的実践家」（reflective practitioner）のモデルを提示した。とりわけショーンは，行為の中で瞬間瞬間に判断を下していく「行為の中の省察」（reflection in action）を重視している。彼は次のように述べる。「不確実性，不

安定性，独自性，そして価値の葛藤という状況で実践者が対処する『技法』（art）の中心をなすものは，『行為の中の省察』というこの過程全体である」（Schön, 1983：56＝ショーン，2001，78頁）。教育実践は非常に複雑な営みである。その状況の中で不断の振り返り（リフレクション）が行われ，それを意識化していくことによって複雑な状況に対応する技法（art）が生じていくのである。自らの教育実践をより創造的で豊かなものにしていくためには，教師の目の前に存在する現実の複雑な状況に対して，単に教育技術を当てはめていくのではなく，状況をつぶさに眺め，教師自身の無意識の考え方や感情について認識していく必要があるのである。

　このような省察をより精緻化し，教員養成のモデルとして提示したのがコルトハーヘン（F. A. J. Korthagen）である。ここでは彼が提示した「玉ねぎモデル」（onion model）について見ていこう（図6 - 3参照）。

　彼はゲシュタルト心理学（個人のニーズや価値観，感情等を統一された全体として認識する心理学）に基づいて，6つの層（環境，行為，能力，信念，アイデンティティ，使命）から成る玉ねぎモデルを示した。最も核となる「使命」の層を，彼は「その人の核となる善さ（the person's core qualities）」と定義し，この層まで省察や内省（リフレクション）を行っていくことを「コア・リフレクション」と呼ぶ。コア・リフレクションをすることによって，私たちの内面奥深くにある善さや強さへの気付きを得ることができるのである。このモデルは，人間を「統一された全体」と捉えているので，たとえば自分が最も大切にしている価値が環境によって阻害されていたり，あるいは能力の面で発揮できない場合は，自らの教育実践に齟齬を感じることになる。

　より具体的に考えてみよう（Korthagen, 2013, p. 33）。ある教師は4年生の担任で（「環境」），自分の「アイデンティティ」を，児童の成長や発達を「導くこと」であると捉えていた。それゆえ，その教師の「使命」は，児童が自立していくことを支援していくことと捉えていた。ここから導かれる教育の方法は，児童が自立した学習者となるために問いとヒントを駆使することであり（能力），その教師は「忍耐と信頼」というコア・クオリティをあらゆる場面に用

第6章　基礎的な教育技術とアートとしての教育技術

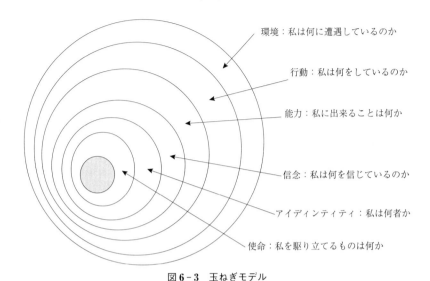

図6-3　玉ねぎモデル
出典：Korthagen（2013）を参照。

いていることになる。

　もちろん，この例はすべての層が一致して作用している場合であるが，逆にこの教師が「導くこと」を自らのアイデンティティとしながらも，実際の授業では児童に教え込むことしかしなかったのならば，あるいは児童を待つということができなかったならば，さらには保護者からもっと強い指導を求められたならば，大きな齟齬を感じるだろう。コア・リフレクションによって，自らの教育実践の中に一貫性あるいはズレを見出していくことが可能になるのである。

（3）より豊かな教育実践に向けて

　教育実践が創造性を兼ね備えた教師独自のものになっていく（アートになっていく）ためには，基礎的な教育技術を身に付けるだけでは厳しい。自分が何者であるのか，自分が何を望んでどこへ向かおうとしているのか，自分が何を大切にしているのか，自分が教育に抱いている先入観は何か，こういった内省が自己理解を深め，自身の教育観を明らかにしていくことになる。自分につい

115

ての深い理解や洞察は，児童生徒を見つめ捉える視点を多様にしてくれるであろうし，それが，アートとしての教育技術の豊かさにつながる。そしてそれらと教育のさまざまな理論や知識，技術が徐々に結びつくようになっていくことが，教師の力量を向上していくことになるのである。それはすなわち，自分の実践者としての「氷山」が大きくなっていくことを意味している。

注

(1) たとえば優れた授業実践を行ったことで有名な大西忠治は，自らの教育実習を振り返り，教育技術などは大学で勉強するものではないと思っていたと回顧している（大西，1987）。

(2) art には芸術という意味以外にも，人間の創造的なスキルという意味も含まれている。

(3) 授業の流れは，〈導入〉－〈展開〉－〈終末（まとめ）〉というのが一般的であるが，これはヘルバルト派（ライン）の５段階教授法（予備・提示・比較・統括・応用）の影響を強く受けていた明治期の教授案が，時代の流れの中で簡略化されてきたものである。

(4) 大西忠治は「ゆれる発問」と「動かない（ゆれない）発問」とに分類している（大西，1988）。

(5) こういった隠れ指示は，いわば「隠れたカリキュラム」として児童生徒に作用していることは認めなければならない。そしてそこには教師が意のままに児童生徒を操ろうとしている権力性が隠されていることにも，教師は自覚的になる必要がある。

(6) たとえば，向山（1985）や，大西（1988）など参照。

(7) この指示の技術以外にも，指示内容をできるだけ具体的にすることも重要である（岩下，1989）。たとえば，「もっとしっかりと鍋を洗いなさい」ではなく，「鍋をゴシゴシ洗う音がここまで聞こえてくるように洗ってごらん」と指示を出す方が効果的である。

(8) これ以外にも野口は授業展開の修正の有無を検討することと，個別指導をあげている（野口，2011，86－87頁）。

(9) ただし，注意獲得行動など心理的な要因がある場合はこの限りではない。

(10) コルトハーヘンについては下記の文献を参考にした。Korthagen（2001），コルトハーヘン（2010）。

**参考文献**

天野正輝（1995）『教育方法の探求』晃洋書房。

岩下修（1989）『ＡさせたいならＢと言え』明治図書。

第6章　基礎的な教育技術とアートとしての教育技術

大西忠治（1988）『発問上達法──授業つくり上達法 part2』民衆社。

大西忠治（1987）『授業つくり上達法──誰も語らなかった基礎技術』民衆社。

Ｆ．コルトハーヘン，武田信子訳（2010）『教師教育学』学文社。

斎藤喜博（2006）『授業入門』国土社。

柴田義松（2004）「教育方法学の対象と課題」日本教育方法学会編『現代教育方法事典』図書文化。

杉浦健（2005）『美味しい授業の作り方──授業づくり初心者のための「せりふ」で作る実践的・学習指導案作成法』ナカニシヤ出版。

日本教育方法学会編（2004）『現代教育方法事典』図書文化。

野口芳宏（2011）『野口流教師のための発問の作法』学陽書房。

向山洋一（1985）『授業の腕をあげる法則』明治図書。

Fred A. J. Korthagen ed. (2001) *Linking Practice and Theory : The Pedagogy of Realistic Teacher Education*, Routledge.

Fred A. J. Korthagen Younghee. M, Kim, William L. Greene eds. (2013) *Teaching and Learning from Within : A core reflection approach to Quality and Inspiration in Education*, Routledge.

D. Schön (1983) *The Reflective Practitioner : How professionals think in action*, Basic Books（D. ショーン，佐藤学・秋田喜代美訳（2001）『専門家の知恵──反省的実践家は行為しながら考える』ゆみる書房。）

(学習の課題)

(1)　本章で提示した基礎的な教育技術のいくつかを用いて，本書の内容を友人にプレゼン，あるいは授業をしてみよう。

(2)　あなたはなぜ教師を目指しているのですか？　どのような教師になろうとしているのですか？　教師になって子どもたちに何を伝えたいのですか？　このような問いを通じたコア・リフレクションによって，自分の内面を見つめてみてください。

【さらに学びたい人のための図書】

岩瀬直樹，寺中祥吾（2014）『せんせいのつくり方』旬報社。

　　⇨ワークを中心に，教師としての自分を探っていく構成になっている。自分の実践や在り方を見つめ直すには，最も優れた書籍である。

大西忠治（1987）『授業つくり上達法──誰も語らなかった基礎技術』民衆社。

　　⇨教育技術についての古典的名著である。30年前の書籍であるが，現在でも十分に引き継がれるべき教育技術が掲載されている。

杉浦健（2005）『美味しい授業の作り方——授業づくり初心者のための「せりふ」で作る実践的・学習指導案作成法』ナカニシヤ出版。

⇨授業は料理と同じであるというスタンスで書かれている。授業の行い方や台詞を用いた指導案の書き方など，多くのアドバイスが含まれている。

（荒木寿友）

<table>
<tr><td>第7章</td><td>知識の理解と定着を図る授業づくり</td></tr>
</table>

### この章で学ぶこと

　何かを考える上で「知識」は非常に重要であり，新学習指導要領でも基礎的な知識・技能の重要性は変わらない。本章では，「知識」とは何かを認識し，知識の理解と定着を図る授業づくりを考える。特に，理解を深めるには，児童生徒の既有知識や経験等から得た素朴概念（誤概念）を把握し，児童生徒の頭の中でスキーマを形成していくことの重要性を学ぶ。そして，単に解答，解き方を教えるのではなく，間違いに気付かせる，疑問を考えさせる授業の重要性を学ぶ。

## 1　知識の重要性

### （1）知識とは

　学習者が主体的な学習を行うためには，考える基礎となる知識が必要である。インターネットが普及し，世界の様々な情報が容易に手に入る時代では，教員は知識を付与する必要はないとさえいわれる。確かに，自ら学ぶ力が備わっていれば，必要で正確な知識を自ら得ることはできるであろうが，児童生徒は知識の正しさを判断できないかもしれないし，あるいはその知識を基に新たな知識を創造することは難しいかもしれない。教員が存在する意義がここにある。新学習指導要領の中でも，これまでと同様に基礎・基本の知識の習得は重要とされている。主体的な学習が期待できる課題発見解決学習を実践する場合でも，その内容に関する知識がなければ学習の効果は期待できない。たとえば，「原子力発電は今後どうあるべきか」をテーマに議論しようとしても，原子力発電あるいは自然エネルギーを利用した発電，現在の発電方法の利用状況や，それ

を利用している経済，生活といったことに関する知識がなければ，表層的で意味もない議論に終始してしまう。議論を深めるためには知識は必要である。

　それでは知識とは何だろう。学校教科書に書かれた内容は，すべて知識であろうか。基本的な知識・技能を習得させる必要があるとされているが，教科書の内容をすべて児童生徒に習得させる必要があるのだろうか。ここで「知」と言われるものを考えてみる。「知」の中には「データ」「情報」「知識」「知恵」「ノウハウ」がある。データとは，たとえば「38度」といったそれ自体意味や文脈のない事実や数値を意味する。この「38度」でも，「体温が38度」「気温が38度」，「三角形の一つの角度が38度」という表記になると，意味が出てくる。これが「情報」である。すなわち，「情報」とはデータを意図や目的をもって整理したもの，意味づけたものである。それでは，「知識」とは何であろうか。「知識」とは何かに活用できる情報，目的達成のために役立つ情報，価値を生み出すための基準や材料となる情報のことである。役立つあるいは価値を生み出すものかどうかは個人によって異なる。そうすると，知識とは個人によって異なるものといえる。ある人にとっては「知識」とみなされるものであっても，他の人にとっては単なる「情報」に過ぎないかもしれない。技術の改革が進む現在の知識基盤社会においては，知識は不変ではなく，また普遍でもない。役立つものでなければ，「情報」は頭の中から消えてしまって記憶に残らないが，「情報」が役立つものと認識されて「知識」となれば，その人の記憶に残る。人は自分が理解できていないことを，他の人に理解させることはできないのと同じように，教員は，児童生徒に教える内容を役立つもの，価値のあるもの，すなわち自身が「知識」として認識していなければ，それらは児童生徒には単なる「情報」としてしか伝わらない。「知識」を定着させるには，教員自身が教える内容を「知識」として認識することが重要である。

　知識をベースに，個人がもつ独自の工夫や応用力を加えることによって価値創造に役立たせることができる。その源泉となるのが「知恵」であり，その知恵を他の事例にも適用できるように一般化したものがノウハウである。

第7章　知識の理解と定着を図る授業づくり

## （2）既有知識とスキーマの重要性

まず，下記の文章を読んでいただきたい。

> 例1：物質は金属，半導体，絶縁体に分けられる。物質を構成する原子は集合し
> てエネルギーバンドを作る。電子が絶対零度で存在することができる最大のエネ
> ルギーであるフェルミーレベル $E_f$ がエネルギーバンド内に存在する物質では，
> 電子は自由に動くことができる。これが金属である。一方，$E_f$ が2つのエネル
> ギーバンド間の禁制帯内に存在するとき，$E_f$ より下のバンドは電子で満たされ
> るが上のバンドは空になる。このような状況では電子は自由に動けない。これが
> 半導体や絶縁体である。

　内容が理解できるであろうか。半導体に関する知識を有している人にとって
は問題なく理解できる。しかし，その領域に精通していない人にとっては，エ
ネルギーバンド，禁制帯，フェルミーレベルといった専門用語が理解できない
であろう。そのため，書かれている内容が理解できない。これは用語に対する
知識がなければ，文章が理解できない例である。それでは，次の文章を読んで
いただきたい。これはブランフォード（Bransford, 1972）らによるスキーマ実
験で用いられた文章である。

> 例2：もし，風船が破裂したら，音が届かなくなってしまう。何しろお目あての
> 階から全てはあまりにも遠すぎるから。たいていのビルは，十分に遮断されてい
> ることが多いから，窓がしまっていたら，音は届かない。全体の操作は，安定し
> た電気の流れに依存しているので，電線が途中で切れてしまったら，これもトラ
> ブルの原因となる。もちろん，その男は叫ぶこともできる。しかし，人間の声は
> そんなに遠くまで届くほど強くはない。もうひとつトラブルのもとになるのは，
> 楽器の弦が切れるかもしれないということだ。そのときには，メッセージに相と
> もなうものは何もないことになる。距離が近いことがもっともよいのは，明らか
> である。そうなれば，やっかいな問題は起こらないだろう。直接会えさえすれば，
> 問題が起こるということはほとんどないだろう。
>
> （Bransford & Johnson 1972）

　この文章の中には専門用語は何一つ含まれていないし，難しい言葉もない。
しかし，読者の多くは内容を理解できないであろう。この文章の状況を表した

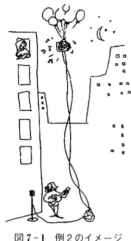

**図7-1 例2のイメージ**
出典：Bransford & Johnson (1972).

ものが図7-1である。一般には，人は図7-1に示すような状況を想定できない。というのは，経験的にもあるいは知識を基にしても想像ができない状況を示しているからである。たとえ語彙に対する知識を有していても，それらの知識が頭の中でうまく相互に結び付かなければ理解できないことを示している。人はそれまでの経験等から次に来ることを予測できたり，行間を読んだりすることができる。これは自身の既有知識がネットワーク化され文脈として理解できることによって生じる。これを認知心理学でスキーマと呼ぶ。児童生徒に理解させるためには，単に，知識を習得させるだけ，あるいは既有知識を確認するだけで十分とはいえず，それらの知識を児童生徒の頭の中でネットワーク化させることができなければならない。

最後に下記の例3の文章を読んでいただきたい。

---

例3：手順はじつに簡単である。まず，ものをいくつかの山に分ける。もちろん量によって一山でもよい。もし必要なものがその場になければ他の場所に行かねばならないことになるが，そうでなければ準備は完了である。かんじんなのは一度にあまりやりすぎないことである。一度に多くやりすぎるより，むしろ少なすぎるくらいのほうがましである。この注意が大事だということはすぐにはわからないかもしれない。しかしすぐにやっかいなことが起こるし，お金も余分にかかることになる。最初は手順が複雑なものにみえるが，すぐにそれは生活の単なる部分になってしまうだろう。近い将来，この作業が必要でなくなるという見通しは立てにくいし，誰にもそう予言することはできないであろう。手順どおりにすべてが完了したら，物をまたいくつかの山に分けて整理する。それからそれをしかるべき場所にしまう。やがてそれらはもう一度使われ，再び同じサイクルをくりかえさなければならない。やっかいなことだが，ともかく，これは生活の一部なのである。　　　　　　　　　　　　　　　　（Bransford & Johnson 1972）

第7章 知識の理解と定着を図る授業づくり

この文章にも専門用語や意味のわからない用語は含まれておらず，読者は言葉に対する知識を有しているであろう。しかし，内容がわかり難いのではないだろうか。これは，自分の頭の中で既有知識のスキーマが形成されていないからである。そこで，このスキーマを形成するために手がかりを与えてみよう。この文章を「洗濯の工程」を頭に入れて読み直していただきたい。そうすると，「洗濯」に関する知識のある人にとっては，書かれた内容が腑に落ちて理解できるであろう。これは洗濯の工程を知っているから，それに即して頭の中で様々な知識がつながり文脈が形成されたため，理解できたのである。洗濯を知らない人にとってはもちろんスキーマは形成されない。スキーマが形成されなければ理解に結び付かないことは前述したとおりである。

教員は授業を行う際に，個々の児童生徒の既有知識をまず確認する必要がある。既有知識は児童生徒によって異なるため，授業で教える内容を理解させるのに必要な知識を有しているかを確認し，不足していると判断されれば，既有知識を呼び起こす，あるいは新たに知識を習得させる必要がある。しかし，これだけでは「わかる」という状態にはなっていないかもしれない。新しい事柄を理解させるには，上記の例3で「洗濯の工程」という手がかりを与えたように，教員は何らかの足場かけを行い，児童生徒が頭のなかで知り得る知識どうしを結びつけられるように，すなわちスキーマを形成させられるように支援していくことが重要である。

## （3）素朴概念と誤概念

「蟻は動物ではない」「種の発芽に必要な条件は水，空気，温度，光，土地，肥料である」「ブランコのゆれる幅が小さいと，行って戻ってくるまでの時間は短くなる」「チューリップには種がない」，これらはいずれも誤った考えである。日常生活の中で無意識のうちに形成・獲得され，科学的に十分ではない状態で形成されていることが多い概念を素朴概念といい，科学的に間違った誤概念が多い。素朴概念は経験的に得た非科学的な概念であるとともに，子どもに多いとされているが，大人になってもこの概念をもっている場合もある（中村

ほか，1999）。冒頭で述べた例を取り上げると，動物とは犬や猫といった哺乳類であるという概念，種子の発芽に必要なものは水と空気と温度であるが，土に肥料を加えて種をまき，日あたりのよい所で育てるなどの一般的な植物の栽培経験が優って，土や肥料や光なども発芽に必要だと勘違いする概念，ブランコのゆれる幅が小さいと距離が短くなるから，行って戻ってくる時間が短くなるという誤った概念，チューリップは一般に球根を植えて育てていることから，種はできないという誤った概念を生んでいる。これらは間違っているものの，その考えをもつ人にとって，その人なりの論理的な一貫性をもっていたりする。そのため，素朴概念を誤った概念だと理解させることは容易ではない。これらの誤概念は経験的に得たというより，むしろ，学校教育の中で誤った学習が行われた結果，すなわち指導内容の根本的な誤りがあるために形成されている概念ではないかという指摘もある（宇野，2005）。

　素朴概念を有することの問題は，授業で習った内容であってもその後の経験により，非科学的な考え方に戻ってしまうこと，また，非科学的な概念だと教員が気付かずに，学校教育で誤った概念を教え，本質を教えることができていないことである。たとえば，「光合成は緑の葉で行われ，二酸化炭素を原料に酸素を作る」といったことを，教員が科学的に十分ではない解釈だと認識していなければ，それが誤概念として教えられている可能性はある。

　素朴概念は誤りに気付きにくい，また経験的な積み重ねもあって学校教育で正しい科学的概念を学習したとしても修正が難しいといわれている。しかし，教員は，児童生徒はこういった素朴概念をもっていることを前提として捉え，正しい概念を教える授業を行うことが重要である。その場合，科学的概念のみを教授すると，科学的概念と素朴概念とがお互いに関連付けられないため，2つの相反する知識が全く別の無関係な知識として同時に存在するという状況が生じてしまうこともある（吉野ほか，2007）。そのため授業プロセスでは，

　　① 単元に入る前に概念の調査を行う。その授業で中心となる科学的概念に焦点をあてて，理由を含めて回答させることにより，誤った概念がないか，またどのような誤りがあるかを調査する。

第7章　知識の理解と定着を図る授業づくり

② 素朴概念がある場合，その概念に誤りがあることを気付かせる。その際に，たとえば，光合成の場合「光合成は葉だけで行われるのか」「赤や紫色の葉をもつ植物は光合成をしないのか」といった，考え方に揺さぶりをかける問いを投げかける。

③ 素朴概念の存在を理解させるだけでは効果は期待できず，実際に実験や観察を行う，すなわち児童生徒がもつ素朴概念からの予想とは一致しないものを示すことで，生徒の中に葛藤を生じさせる。これは第2節でも記述する「なぜ，どうして」という知的好奇心を引き出す効果もある。

④ 素朴概念がなぜ誤っているのかを自己評価させる。

ことが重要となる。

　しかし，この授業プロセスは概略であり，実践では試行錯誤が必要となる。授業が容易ではないことは，素朴概念を改める教授方略に関する多くの研究がなされていることからもわかる。伏見（1992）は正知事例（学習者が正事例だと事前に正しく判断している事例）と誤知事例（学習者が誤って判断している事例）の授業における配列順序の効果の違いを調べ，学習すべき概念について誤って特殊化している場合，「正知事例→誤知事例」の事例配列の方が「誤知→正知」より対象概念の修正や組み換えに効果的だと報告している。一方，次節で述べる仮説実験授業も該当するが，誤概念と一致しない事実を学習者に提示して，誤概念を意識化させることで誤概念が修正されやすいという「反証法」の有効性が実験で示されている（進藤ほか，1995）。さらに進藤ら（2006）は研究を進め「誤った概念を適用した場合に正しい解決ができない問題を提示し，続いて誤った概念を持っていても解決可能な類似の問題を提示する」という「融合法」と命名した授受方略の有意性を報告している。このように，誤った概念を正しい概念に修正する様々な教育方法の有効性が提案されていること自体，修正が容易でないことがうかがえる。学習者に思考の多様性があることから，教育方法の有効性の違いがあることは当然の結果ともいえる。いずれの研究結果においても，学習者の持つ誤った概念と矛盾する事象を単に提示するだけでは，学習者の思考の修正に十分な効果はもたないといわれているように，前述した

授業プロセス④の自己評価を確認することが重要と考えられる。

## 2 理解を深める教育方法

### （1）仮説実験授業

「科学上の最も基本的な概念や原理・原則を教えるということを意図した授業」である仮説実験授業は、「科学的な認識というのは実験によってのみ成立する」という考え方（板倉, 1977）であることから、素朴概念を科学的概念に変えていく有効な授業方法といえる。また、子どもたちの主体的な考えを引き出す授業としても有効である。仮説実験授業は、1963年板倉聖宣によって提唱され、現在では理科だけではなく多くの教科によって実践されている。

仮説実験授業は多くの授業実践例を基に作られた授業書に従って、授業が行われることを前提としている。一般に「教科書を教えるのではなく、教科書で教えるべきだ」といわれるが、授業書とは、児童生徒にどのタイミングで何を考えさせるかといった授業シナリオが、試行錯誤の上まとめられているものであることから、「授業書で教える」ことが重要とされている。仮説実験授業では児童生徒に選択肢の問題が与えられる。たとえば、「水の入ったビーカーに砂糖を溶かすと重さはどうなるか」という設問が出され、「重くなる」、「変わらない」、「軽くなる」といった選択肢から自分が思う予想を選択させる。そして、それについて、

① 気軽に知っていることを出し合うという「質問」から始まる。この時に子どもたちの既有知識が把握できる。次に、

② 自分で目的意識に問いかけ自分なりの予想を立てる。立てるのはあくまで予想であり、仮説ではない。板倉は「予想と呼ぶ」理由を次のような事例で説明している。「たとえば、電池で豆電球に灯りをつける実験を行う時に、導線の途中に様々な物質を挟み、電球がつくかどうかを予想させる。もし、電球がつかなかった場合、その理由として"物質が電流を流さない"ということと、"物質は電流を流すけれども、電球を光らせ

るほどの電流が流れていない"という二つの仮説が考えられる。どちらが正しいのかは，さらなる実験，たとえば電圧をあげることにより電球がついた結果が得られたら，後者の仮説が正しいことが実証できることになる。すなわち，仮説の検証は他の実験を行う事によって検証ができるものであって，それまでは予想でしかない。」そうすると仮説実験授業というより予想実験授業という方が適すると思われる。これに対して板倉は，仮説実験授業と呼んでいるのは，ヤマカンであてものごっこをするのではなく，正しく予言できる科学の力を養うことを目的とした授業であるからと述べている。ここまでの深い学びを含めた授業プランを想定して授業書は構成されている。

③ 立てた理由に対する理由を述べさせる。この行為は非常に重要であり，なぜ，そのような結果になるかも自分のことばで述べさせる。ここでは，子どもたちには何を言ってもよいという権利が保障されることが必要である。

④ 子どもたち同士で討論させる。発言は強要せず，言いたい子どもが言いやすい雰囲気を作り，無理に言う必要のない雰囲気を作ることが重要だとされている。また，他の人の考えを聞いて自分の予想を変えてもよい。これらの行為の後，

⑤ どの予想が正しかったのかを確認するための実験や観察を行う。さらに

⑥ 実験や観察結果から一般的に導かれる結果を提示したり，それから少し視野を広げた面白そうな話を読み物にしたものを読ませたりする。そこで得た原理や法則を使ってさらに問題を解いていく。

といった流れで授業が進められる。

　結果を予想させるときに，既有知識があればそれを論理的に構成して説明する力も養われる。一方，既有知識がなければあてずっぽうの予想になるのではないかという懸念はあるが，「自分がまだ知らないことを正しく予言できるようになることも科学の力」であり，授業後にさらなる疑問や調べたいことが子

どもたちの気持ちの中に湧いてくることが重要だと捉えられている。子どもたちの予想が大きく外れるような問いかけが重要なのではなく，最終的に予想が当たりそこに喜びを感じさせられる問いが重要である。ここまでの綿密な授業プランが考えられているのが授業書である。

　仮説実験授業の授業書は当初理科教育から開始されたが，今では他の教科領域でも利用されている。理科の分野では仮説を検証するために実験や観察を行うことができるが，社会や算数・数学などではそれらは行い難い。しかし，たとえば歴史教育で，ある時代について教えることを目標にする場合，時代のイメージを選択させ，そのイメージが正しいか否かを検証することは可能である。このイメージ検証授業も仮説実験授業の流れの中で実践できるものである。また，数学の場合，仮説を証明する仮説証明授業として，同じような構成で授業書を作成することができる。


（2）間違いに気付かせる授業

　学習者の年齢が高くなるにつれ，授業中に質問する，回答するといった割合が低くなり，とくに学習者が多い大教室ではこの傾向は高くなる。小・中学校でも，教員からの発問に対して，回答が間違っていることを気にして手を挙げない児童生徒が多くなってきている。間違いは悪いことではなく，むしろ自分だけでなく他者に対しても，間違いに気付くことが理解を深めることにつながる。特に新しいことをやると間違えるのがあたりまえである。間違えていることがわかると，そこで「わかった」という感覚が生まれることから，また，どこで躓いているかがわかることから，教員は子どもたちの間違いを大切にしなければならない。教員はときに意図的に間違うことも大事である。子どもたちに間違いを気付かせる，先生だって間違うこともあり，間違うこと自体恥ずかしいことではないという雰囲気作りが重要である。

　児童の間違いが見られた事例を紹介しよう。

　小学校4年生の算数で2分の1＋3分の1の計算を学ぶ授業が行われていた。教員がある児童に解答を尋ねたところ，5分の2と答えた。理由を尋ねると，

児童は，「分母が同じ場合には分子同士だけを足せばよいが，分母が異なる場合は分母も足して分子も足す」という明確な理由で説明した。教員は分母が異なる場合には分母を揃えて，すなわち通分という方法を用いて解くのだと教え，正解は6分の5だと説明したが，その児童は納得していない。教員は正しい計算の仕方を教えるが，なぜ，5分の2が間違っているのかを教えていない。児童は，なぜ，5分の2は間違っているのか，そこが納得できなければ，真の理解は得られない。この授業では，教員から学習すべき公式や原理を直接的に教える「受容学習」が行われている。「受容学習」の中にも丸暗記するような「機械的学習」と，新しいことを自身の既有知識に組み込んで理解する「有意味学習」があるが，知識を他へ応用や転移させることが重要であることからも，有意味学習の方が有効である。しかし，この例の場合は，子どもの既有知識がそもそも違っているため，理解するには自身の知識構造を組み替えていく必要がある。機械的に解き方だけ教える受容学習では，知識構造の組み替えにはつながらない。

　その児童の計算は間違っていると誰もが思うかもしれないが，本当にこれを誤りと言えるだろうか。たとえば，図7-2(a)に示すように「100ccの牛乳パックに2分の1の牛乳が残っており，もう一方の150ccの牛乳パックに3分の1の牛乳が残っているとき，残っている牛乳を合わせると全体のどれだけ残っているか？」という設問があったとすると，この回答は5分の2である。さらに図7-2(b)に示すような「2分の1ずつがそれぞれチーズとチョコレートでできたケーキが1個，3分の2がチーズ，3分の1がチョコレートできたケーキが1個あるとき，チョコレートケーキは全体の何分のいくつにあたるか？」という問いの回答は，12分の5となる。

　もちろん，これらの例は2分の1＋3分の1の式で解けるものではないが，その違いが認識できない子どもたちはいる。教員は取り上げた2分の1＋3分の1の計算と，これらの事例との考え方の違いを説明できるようにしておく必要がある。そして，間違った解答が出てきた場合，なぜ間違っているかを気付かせ，理解できるようにする必要がある。このような発想は「子どもたちの間

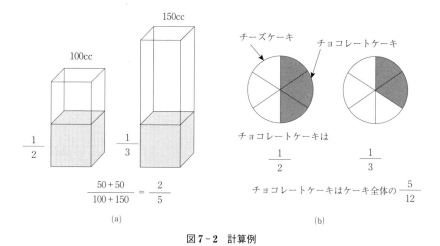

図7-2 計算例

違い」から引き出せる重要な教育方法である。

　さらに言うと，児童から「分母が違う分数の場合にはなぜ通分しなくてはいけないのか」と尋ねられたら教員は説明できるだろうか。「1つ当たりの大きさが違うからそのままでは計算できない」とか「同じ単位に合わせる必要がある」といった説明がなされる場合があるが，「1つ当たりの大きさって何？」や「分数にはメートルはグラムなどの単位はついていないのに，同じ単位ってどういうこと？」という児童からの質問が戻って来そうである。教員は児童の既有知識を把握し，児童からの反応を予測して，解答が間違っている場合には，何故間違っているかを児童が理解できるように説明する必要がある。

　このように，間違いに気付かせ理解させることは非常に重要であるが，児童生徒の間違いを積極的に授業に利用する方法がある。この「間違いを利用する授業」は多くの児童生徒にとって有効といえよう。子どもたちが有する素朴概念や知識構造（スキーマ）を授業の中に意図的に取り込んで行うスキーマ学習と呼ばれるものがある。図7-3は繰り下がりのある引き算で，子どもたちが誤りやすい回答例をあげたものである。①は単純に大きい数字から小さい数字を引いた間違い，②は100の位から繰り下げがなされていない間違い，③は1

第7章　知識の理解と定着を図る授業づくり

| ① | 524<br>−247<br>――――<br>323 | ② | 524<br>−247<br>――――<br>377 | ③ | 524<br>−247<br>――――<br>187 | ④ | 524<br>−247<br>――――<br>277 |

図7-3　誤りやすい計算例

の位が14−7，10の位が12−4，100の位が10の位と1の位にそれぞれ1ずつ繰り下げして5が3になり，3−1で計算した間違い，④は正解である。このように子どもたちが誤りやすいところを意図的に取り上げ，なぜ間違っているのかを子どもたちに考えさせる方法である。この方法では教員が予め子どもたちの知識構造を想定しておく必要があるが，このような間違いやすいところを授業における机間巡視の際に，ピックアップしておくとよい。

### （3）多重知能を考慮した授業

　ハワード・ガードナーは，IQ などの一つの指標で知能を測ることに疑問をもち，知能は単一ではなく8つの知能が存在するという多重知能理論を提唱した。人はそれぞれ異なった能力をもっており，勉強が得意な人，運動が得意な人，音楽が得意な人など様々な人が存在する。それらは以下の能力である（ガードナー，2001，58〜61頁）。

① 言語的知能：話し言葉，書き言葉などへの感受性があり，言語を学ぶあるいは用いる能力

② 論理数学的知能：問題を論理的に分析したり，数学的な操作を実行したり，問題を科学的に究明する能力

③ 音楽的知能：音楽的パターンの演奏や作曲，鑑賞の能力

④ 身体運動的知能：問題を解決したり何かを作り出すために，体全体や身体部位を使う能力

⑤ 空間的知能：広い空間や限定された範囲のパターンを認識して操作する能力

⑥ 対人的知能：他人の気持ちや感情，意図，欲求などを見分け，それを基に他人と良好な関係を保てる能力

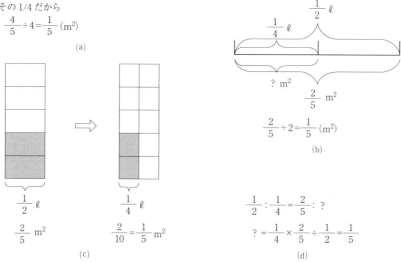

図7-4 「1/2ℓで2/5m²塗れるペンキがある。1/4ℓのペンキではいくらの面積が塗れるか」の問題に対する様々な解法

⑦ 内省的知能：自身の長所や短所，欲望など自分自身を理解し行動する能力
⑧ 博物学的知能：身の回りの事象を認識し，相違点を見分ける能力

　これらの知能の高低は児童生徒によって異なる。言語的知能が高い子どもは，言葉を使って理解することが得意で，論理数学的知能が高い子どもは，算数や数学を学ぶ場合に数式を使った方が理解しやすく，空間的知能の高い子どもには図や絵や映像などで表す方がわかりやすいといったことが起きる。たとえば，小学校児童が間違いやすい問題である「2分の1ℓで5分の2m²塗れるペンキがある。4分の1ℓのペンキではいくらの面積が塗れるか」を取り上げてみる。この問題を解くのに掛け算を使えばよいのか，割算を使えばよいのか，割算を使う場合でもどの数からどの数を割ればよいのか迷う児童が多い。図7-4に，いくつかの解法をあげている。言語能力が高い子どもは，2分の1ℓで5分の2m²塗れるのだから1ℓでは5分の4m²，4分の1ℓはその4分の1

だから 5 分の 1 m$^2$ という解法 (a) が理解できるかもしれない。一方，空間的知能が高い子どもにとっては，図 7 - 4 (b) や (c) のような図を書くと理解しやすいであろう。ちなみに，図 7 - 4 (c) は遠山啓 (1972) によって提唱されたひっ算を基本とする算数教育の方法で，一般にタイルを利用して，なぜそうなるかを理解させながら進める教え方で「水道方式」と呼ばれ，現在でも多くの学校や塾で用いられている方法である。さらに，図 7 - 4 (d) は「比例」の解き方を知識として有している子どもにとって，論理数学的知能が高い子どもに理解しやすい解法である。このように考え方や解き方に対する理解のしやすさは，子どもがどの知能に優れているかによって異なることが考えられる。ある解法を行って理解していない子どもがいたら，異なる視点からの考え方，解き方を説明することが重要である。

この他，暗記が必要な場合，音楽的知能が高い子どもは，曲に載せて覚えた方が記憶しやすいかもしれないし，身体運動的知能が高い子どもは，体を動かして覚える方が向いているかもしれない。対人的知能が高い子どもは他の子どもたちと協調しながら学習することが適していると考えられる。多重知能理論は心理学というより，教育への応用が注目されている。教育では，児童生徒のこれらのすべての知能を伸ばすことを目的としているのではなく，個々にとって高い知能，すなわち学習においてどのような方法が学びやすいのかを把握して，その知能を活かして学習能力を伸ばしていくことを目的としている。たとえば，米国では国内の「総合的な学習の時間」と類似した「真正の問題の学習」において，協調学習の中で児童それぞれの知能に適した役割分担を行う事により効果的な学習を行っている例がある (中野ほか，2012)。児童生徒に様々な学習法を提供することにより，児童生徒自身が多重知能を開発する，あるいは自分に適した学習方略に気付くことも期待できる。

### 参考文献

板倉聖宣 (1977)『仮説実験授業の ABC　楽しい授業への招待』仮説社。

宇野忍 (2005)「誤概念はひとりでに修正されるか——大学生における植物領域の誤概念の保持状況」『東北大学大学院教育学研究科研究年報』5 (2)，127～147頁。

ハワード・ガードナー，松村暢隆訳（2001）『MI：個性を生かす多重知能の理論』新曜社。

進藤聡彦・麻柄啓一・伏見陽児（2006）「誤概念の修正に有効な反証事例の使用方略——「融合法」の効果」『教育心理学研究』54，162～173頁。

進藤聡彦（1995）「誤法則を明確化する先行課題が法則の修正に及ぼす効果」『教育心理学研究』43，266～276頁。

遠山啓（1972）『数学の学び方・教え方』岩波新書，68～109頁。

中野真志・柴山陽祐（2012）「多重知能理論に基づいた真正の問題の学習に関する研究——総合的な学習の時間への活用を志向して」『愛知教育大学教育創造開発機構紀要』2，47～56頁。

中村美知生・荒木紀幸（1999）「「モノの動きとはたらき」に関する小学生から大学生に至る素朴概念の比」『兵庫教育大学教科教育学会紀要』12，22～27頁。

伏見陽児（1992）「提示事例の配列順序の違いが概念の学習に及ぼす効果」『教育心理学研究』40（1），54～63頁。

吉野巌・小山道人（2007）「「素朴概念への気づき」が素朴概念の修正に及ぼす影響——物理分野の直落信念とMIF素朴概念に関して」『北海道教育大学紀要（教育科学編）』57（2），165～175頁。

Bransford, J. D., & Johnson, M. K. (1972) "Contextual prerequisites for understanding: Some investigations of comprehension and recall," *Journal of Verbal Learning and Verbal Behavior,* 11 (6), pp. 717-726.

第7章　知識の理解と定着を図る授業づくり

**学習の課題**

(1) 授業方法は様々である。以下に示す理科の実験はそれぞれ進め方が異なる。児童生徒の既有知識を考慮しながら，それぞれどのようなことを目的として行われているのかを考えてみよう。

　　ア：児童生徒に実験の結果を事前に予測させて，実験に取り組ませる。

　　イ：教員が実験のやり方と結果を予め伝えて，実験に取り組ませる。

　　ウ：ある結果を得るための実験方法を児童生徒に考えさせて，実験に取り組ませる。

(2) 算数の分数の計算で躓く子どもは多い。解法のテクニックを教えるのは必要だが，それでは「わかった」とまでは行かない。児童から下記の質問が出てきたことを想定して，児童の既有知識を考え，その子どもたちに理解できるような説明を考えてみよう。

　① 2分の1を4分の3で割るのはどういう意味ですか？

　（数式を用いた計算方法ではなく，「割算」の意味を問われている）

　② 分母の異なる分数の足し算，引き算を行う場合，どうして分母を揃えなければ（通分しなければ）ならないのですか？

【さらに学びたい人のための図書】

板倉聖宣著（1977）『仮説実験授業の ABC　楽しい授業への招待』仮説社。

　　⇨仮説実験授業の提唱者である板倉氏が，仮説実験授業の発想と理論，様々な教科に利用できる授業書を掲載した書籍で，本授業の理論と応用が理解しやすく書かれている。

遠山啓著（1972）『数学の学び方・教え方』岩波新書。

　　⇨算数，数学で子どもたちが理解しにくい単元を抽出し，それらの学び方・教え方が書かれ，現在でも使われているタイルを用いて教える「水道方式」についても書かれている。

ハワード・ガードナー，松村暢隆訳『MI：個性を生かす多重知能の理論』新曜社。

　　⇨心理学領域より，むしろ教育学領域で注目されている多重知能理論が生まれた背景と理論の説明，学校における多重知能など「知能」に関して学べる書籍である。

（篠原正典）

<table>
<tr><td>第8章</td><td># 主体性を引き出す教育方法</td></tr>
</table>

**この章で学ぶこと**

　学習意欲が低い，あるいは「言われたことに従って進めるという順守型の思考スタイル」を有する学習者が多く存在するなかで，学習者主体の学習を進めることは容易ではない。ここでは，講義型授業の限界と学習者主体の授業づくりが必要な状況を理解し，それを実現するために「何」を教えるより「なぜ，どうして」を考えさせる知的好奇心を引き出す授業づくりと，このような疑問をもたせることが課題発見解決型授業づくりにおいても重要であることを学ぶ。

## 1　学習者主体の学習とは

### （1）一方向の授業形態の限界

　これまで特に高等教育においては教員が一方的に講義をするという授業形態が実践されてきた。学力育成という視点からこの形態に疑問がもたれ，近年アクティブ・ラーニングという言葉で表現されるなど，学習者による主体的な学習の重要性が謳われてきている。主体的に学ぶ場合においても第7章で書かれているように，自ら考えるための知識は必要であることから，講義を聴くことも本来効率的な知識の習得方法であることは言うまでもない。講義を聴講する形態であっても，「学習は主体的に行うのが当然である」という考え方もあり，ことさらアクティブ・ラーニングを強調することに違和感をもつ教員は存在する。特に昔から勉強や研究が好きな大学教員にその考え方は根強い。本来，十分な「学ぶ力」があれば，知識基盤社会においてはインターネット上で膨大な情報の中から，必要な知識を得ることができる。しかし，特に小学校，中学校

の子どもたちには情報を基に，どれが必要な知識か否かを判断できる知識がないため，教員による知識付与は必要である。講義を聴くことが本来効率的な知識習得方法だと述べたが，現実は必ずしもそうではなく，この考え方自体が誤概念となっている。

National Training Laboratories の学習ピラミッドでは，講義を聞くだけでは内容の 5 ％しか記憶に残らない。視聴覚のメディア教材を利用しても20％程度に過ぎないと言われている（National Training Laboratories, 2012）。この数値の根拠は明確ではないが，著者も授業経験を通して講義だけでは学習者に知識が定着していないことは納得する。

### （2）究極の学習者主体の学校

コロンビア大学で物理学の教授であったダニエル・グリーンバーグは，教員が一方的に行う授業に限界を感じ，① 教員がいくら頑張っても生徒が知識や技能を必要だと思うまでは，彼らは学ぼうとしない。② 現実の世界で役立ち意味があること，自分たちの生活に価値を加えることがわかるまでは，覚えたことを使おうとしない。③ 学生の前ではしゃいだり，脅かしたり，すかしたところで，最後は学生たちの気構えしだい。学びたくないものは結局学ばない，という教育観を持つに至った。グリーンバーグは，「子どもたちは学ばなければならないと思っていることを自分の力で学んでいくものである」という教育観の基に，究極の学習者主体の学校ともいえるサドベリー・バレー・スクールを1968年に開設した（グリーンバーグ，2006）。この学校に通学する 4 歳から19歳までの子どもたちは自分の時間をどう使うかを自分で決める。カリキュラムはなく当然必修科目もない。学習目標は子どもたちが決める。諸活動の全責任は子どもにあるべきという主張から，子どもたちの自治機構による学校運営がなされている。生徒とスタッフ（教員とは呼ばない）が同じ権利を有し，子どもたちで構成する司法委員会で学校の規則を侵犯する者に対して裁判を開き，判決・処罰を下す。スタッフの選挙も毎年行われ，実際に子どもたちの選挙によって辞めさせられたスタッフも出ている。まさに，究極の学習者主体の学校

であり、このような教育観に則った学校は世界中に見られるものの、この形態を現在の日本の義務教育にそのまま導入するのは難しい。

　学習者主体の形態としてサドベリー・バレー・スクールを真似るとまでは行かなくても、通常の授業の中で学習者主体の授業に向けて工夫することはできる。むしろ、現行の教育制度が継続される限り、工夫する必要がある。学習ピラミッドが示す授業内容の記憶の視点から見ると、グループで議論を行うことで50%、実践することで75%、学習者が他者に教えることで90%が記憶に残ることを示している。これらに共通するのは、学習者自身が参画する授業である。学習者主体の教育方法とは、① 学習者の理解度、関心・意欲などの多様さに対応する教育、② 学習者に「できた」という至高体験を感じさせる教育、③ 自ら課題を見つけ、自ら学び、自ら考え、主体的に判断し、よりよく問題を解決する資質や能力を育てる教育、④「修学していないことでも自分で学べる人」を育てる教育、⑤「仕事ができる人」を育てる教育である。これらの教育は、近年出現した目新しいものではなく、以前からいわれている不易の事柄である。子どもたちの学習意欲の低下が問題視されている現在において、ことさらこれらの教育の重要性が謳われていることが意味するのは、学習者主体の教育の実現が容易ではない課題であることを意味している。学習者が興味や関心を引き出すものだけを取り上げ、学習者に任せるだけでは主体的な学習の効果は期待できない。単にグループで学習させただけでは主体的な学習能力は育成されない。これらは、多くの教員が実感していることであろう。

### （3）教科における主体的な学習の重要性

　主体的な学習能力の育成を目的として導入された総合的な学習の時間では、様々な子どもの主体的な学習の実践が期待されることから、むしろ問題視されているのは、通常の教科の学習における主体的な学習能力の育成である。スタンバーグ（2000）は人の思考スタイルを理論的に分類し、主要なスタイルとして立案型、順守型、評価型の３つをあげている。立案型は何をどのようにするかを自分で決めようとし、創造的な活動を好むスタイルであり、順守型は事前

に構造化，規格化された問題を好み，与えられた問題を解き，他の人の発想に従って話をしたり実行したりすることを好むスタイルである。評価型は既にある物事やアイデアを分析したり，意見を述べたり評価することを好むスタイルである。大学生がどの思考スタイルに属するかを調べた研究（篠原，2012）では，順守型の思考スタイルを有する学生の割合が最も多い。また公表されてはいないが，普通高校，工業高校の約300人の高校生を調査した結果においても順守型が多い結果を得ている。小学生や中学生の思考スタイルの分布については調査結果が見当たらないが，これまでの学校教育では，教員が説明する一斉授業が実施されている歴史から，順守型の思考スタイルが多いことは想像に難くない。本来，主体的な学習には立案型の思考スタイルを有していることが望ましいと思われるが，その割合はそれほど多くない。一方の，最も割合の多い順守型の思考スタイルを有する学生は，講義型の授業を好む傾向があり（篠原，2012），主体的な学習形態とは相反する指向を示す。そのため，順守型の思考スタイルが多い，すなわち授業で行う指導や内容に対応して行動するというスタイルが多いことを，教員が逆に利用することが有効であろう。従来の授業の中で学習者が主体的に考え参画する授業を作っていくことで，それが当たり前の学習形態だと認識させていくことが求められる。「教員主体型」と「教員主導型」とは意味が異なる。学習者主体の授業とするには，「教員主導型」で学習者が主体となる授業設計が重要となる。思考スタイルが初等中等教育から培われてきているものだと仮定すると，初等中等教育から立案型の思考スタイルを育成する授業づくりが重要と考えられる。

## 2　知的好奇心を引き出す授業

### （1）「なぜ，どうして」の感覚を引き出すことの重要性

　児童生徒が主体的に学習を行うためには，学んだ力を基に自ら学ぼうとする力，そして学ぶ力が必要となる。学んだ力とは知識・技能，学ぼうとする力は学習意欲であり，学ぶ力は学習を繰り返す中で，一人で学んでいける力，すな

わち「学び方」が実践できる力である。学ぶ力が十分であれば，学んだ力が不十分であっても，新たな知識を習得し，さらに創造することが可能であるが，児童生徒にはまだその力が備わっていない。だから「学ぶ力」の育成が重視されているのである。人は自身が興味・関心を示すものについては，その情報を収集しようとするが，学校の授業内容に関して興味や関心をもつ子どもたちが少ないことが問題視されている。報酬を得る，あるいはやらなければならない義務感といった外発的な動機付けから，学習を習慣づけることが行われていることもあるが，主体的な学習の基本は自ら学びたいという内発的動機付けが理想である。

　この内発的動機付けの原型は知的好奇心であるといわれている。人は新しい事物や事象に関心を持ち，それらに働きかけてさらに情報を得ようとする。すなわち，本来人は知的好奇心を有しているものである。関心のあることに対して，「情報」不足から更に情報を欲しようとする「拡散的好奇心」も重要ではあるが，学校の教科内容といった焦点化した事物や事象に対しては，「知識」の不十分さから疑問を持ち，さらに知りたいという「特殊的好奇心」を引き出すことが重要である。特に，特殊的好奇心は自主的に生じるものではなく，学習環境との相互作用がある場合に生じやすく，人が持っている既有知識と新しく得られた情報との間にズレが生じたときに，不調和や不一致が生じ，この不安定な状態を安定にしたものにしようとして，引き起こされるといわれている（波多野，1973）。すなわち，このような場を作り上げることによって，知的好奇心を引き出すことは可能である。むしろ，様々な事象を当たり前のこととして受け入れている近年の児童生徒に対して，教員は既有知識との不安定な状態を意図的に作り出していくことが必要である。

　図8-1を見ていただきたい。これは英国の小学校から高校までの算数，数学の能力向上を目的としてケンブリッジ大学が中心となって進めている Millennium Mathematics Project の中で作成している膨大な算数・数学のコンテンツの一つである。三角形等の4つの図形で構成された底辺の長さと高さが等しい2つの図形がある。上の図形の①～④の図形を移動して，下に示す図のよ

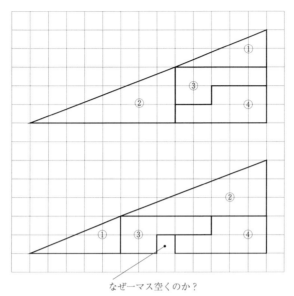

図 8-1 小学生用の算数問題
出典：NRICH
　　　http://nrich.maths.org/782

うに配置すると1マス空いてしまう。これを見て、不思議だと感じた読者は、初めて目にした問題であり、かつ「底辺と高さが同じ三角形の面積は等しい」という既有知識を有しており、それとのズレが生じているからである。

　人は「なぜ、どうして」という知的好奇心をもつと、その正解を知りたくなる傾向がある。実際に大学生約160名を対象として行った調査では、「不思議だと感じる人の中で正解を知りたいと思う割合は91.3%」存在するが、「不思議だと感じない人の中で正解を知りたいと思う割合は26%」に過ぎないことがわかった（篠原，2014）。一方で、当然のことではあるが、「正解を知っている人の中で不思議に感じる」割合は非常に少なくなり9.5%という結果であった。如何に既有知識とのズレを感じさせる素材を見つけ、知的好奇心を引き出すことが重要であるかがわかる。図8-1の結果を不思議だと感じる読者は正解を知りたい、自分で見出したいと思ったのではないだろうか。この不思議に思う

感覚が非常に重要で，それを教員は引き出すことに努めることが大切である。

## （2）身近にある不思議を考える

　興味や関心がある事物に対して，「情報」不足からさらに情報を欲しようとする「拡散的好奇心」は「面白そうだ」と感じさせることで引き出すことができる。たとえば，「学校の近くに棲む昆虫を探しに行こう」という観察行為はこれに該当する。もちろんこのような「面白そうだ」と感じさせることは，児童生徒を引き付けることができる。一方で，「なぜ，どうして」と感じさせる「特殊的好奇心」はこれとは異なる。「クモは昆虫ではないんだよ」というと，これを知らない児童生徒にとっては「なぜ，どうして」という感覚をもつであろう。「面白そうだ」と感じさせる「拡散的好奇心」は，明確な目標や方向性が乏しいものがあるが，一方で，「特殊的好奇心」は調べたい内容が焦点化され，正解を求めたいという好奇心が湧く。一見，「なぜ，どうして」という事物や現象を見つけることは難しいと感じられるかもしれないが，身の回りには膨大な不思議が溢れている。身の回りの事柄や現象をあたり前のことだと認識している状況であるため，それらに対して不思議に感じないのである。

　「体温が38度，あるいは気温が38度だと非常に体が熱く感じる。しかし，お風呂のお湯が38度だとぬるく感じるのはなぜ」，「稲作は東南アジアなどの暑い地域で盛んなのに，日本では北陸や東北など雪の多い地域で稲作が盛んであるのはなぜ」，これらは小学校の児童から出された疑問である。「固定電話ならともかく，行き先を告げていなくても携帯電話に電話がかかってくるのはなぜ」，「IC チップは電源を供給しないと動作しないのに，乗車 IC カードには電池が入っていない。なぜ，IC チップが動くのか」「0 ÷ 0 は分母と分子が同じであるのに，なぜ1にならないのか」「卵を手でつかんで思い切って握っても卵が割れないのはなぜ」，言われてみると不思議に感じるが，言われるまでは不思議だという感覚がわかない。不思議なことは身近に多く存在するのに，それらに気付いていない人が多い。前述した問題にはすべて正解がある。学校で習った知識を応用することにより理解することができる。折角，役立つ知識を習得

したにもかかわらず，それを覚えるだけにとどまり，やがては価値のない情報になってしまい，記憶から消えてしまっているのかもしれない。知識は応用して始めて役立つもの，すなわち「情報」ではなく，定着する「知識」に変わる。

　教員は児童生徒に不思議と感じさせる投げかけを行うことが重要なのである。第7章で述べた理科における素朴概念も不思議を投げかけるものであるし，算数にも不思議なことが多数存在する。小学校で習う分数だけみても奥が深い。「分数の割算では割る数の逆数をかけると求められるのはなぜか」，「6 ÷ 3はイメージでも理解できるが，2分の1を4分の3で割るというのはどのような意味か（解答の求め方を問うているのではない）」，第7章でも取り上げたが「分母が異なる分数の足し算，引き算ではなぜ通分しなくてはいけないのか」など，問われると回答に行き詰る教員も多いのではないかと思う。解法や結果は教えても，「なぜ，どうして」そうなるかを教えている教員は少ない。聖徳太子が17条の憲法を作ったのはなぜか，バブル経済がなぜ起きて，そして崩壊したのか。歴史の中の出来事にはそれが起きた理由があり，その理由を理解することにより未来に反映させることができる。たとえばバブル経済などは，将来それが起こることを防ぐためにも，発生した理由を教えることが重要である。

　児童生徒が不思議を感じるようにするにはどうすればよいか。「なぜ，どうして」と疑問をもつ習慣をもたせようとしても，すぐには難しい。まずは，教員自身が様々な事象や現象に対して疑問をもつこと，そして，児童生徒に「なぜ，どうして」と問いかけることから始めればよい。児童生徒から「なぜ，どうして」という質問が授業中で出てくれば，児童生徒が知的好奇心をもっているという望ましい状況であろうと考える。しかし，一般に教員はこのような状況を好まない。答えられないケースが多いからであると同時に，自身の指導案からのズレが生じてしまうからである。しかし，教員はこの状況に大切に対応すべきである。児童生徒から，教員が回答できない「なぜ，どうして」の質問が出てきても，教員は直ぐに回答する必要はない。「面白いことに気付いたね。一緒に調べてみようか」という回答で，教員も学習すればよい。しかし，その雰囲気があまりにも学級に充満しすぎると，視点が拡散し，決して快いとはい

えない状況になることもある。適度な緊張の中で「授業内容に即して楽しい」と感じさせる不思議を投げかけることが大切である。

### （3）知的好奇心を引き出す授業

　授業の初めに知的好奇心を引き出す内容の提示や発問は，児童生徒を授業に引き付ける効果がある。波多野と稲垣は知的好奇心を引き出すための3つの教材の提示方法を述べている（波多野・稲垣，1973，118〜124頁）。それらは，

　　① 既有知識に適合しない情報を提示する。

　　② 既有知識が不十分な場合に，足がかりとなるような知識や概念や法則などを与える。

　　③ 複数の対立的な見解を明示する。

　①の事例では，児童生徒が持つ知識や概念から予想に反する現象や結果を教員が示すことである。図8-1で示した例もこれに該当する。第7章の第1節で述べた素朴概念に基づく誤った知識を既有知識としているならば，その知識に適合しない教材を提示する場合もこれにあてはまる。しかし，図8-1で示した例では，三角形の面積の求め方を知識としてもっていない人は不思議に感じないかもしれない。「卵を手でつかんで思い切って握っても卵が割れない」ことを不思議だと感じるのは，日常生活の中で卵は割れやすいものだという知識があるからである。携帯電話に関する知識が全くない人に，「行き先を告げていなくても携帯電話に電話がかかってくる」といっても，不思議には感じないであろう。すなわち，①の方法では，児童生徒がどのような知識をもっているかをあらかじめ把握しておく必要がある。

　児童生徒が前もって予想できるほどの知識を有していない場合には，②の提示方法のように，足がかりとなる知識や概念や法則などを与えることになるが，そこに「なぜ，どうして」と感じさせることを提示することにより，知的好奇心を引き出せる。たとえば，「A地点からB地点に行くのに，行きは4時間，帰りは6時間かかった。かかった平均時間は $(4+6) \div 2 = 5$ 時間である」ということを説明した後，「A地点からB地点に行くのに，行きは時速4km，帰り

は時速 6 km で行った。平均時速はいくらか？」という問いをする。これは時速 5 km ではないというと，不思議だと感じる児童が出てくる。そこから，「速さ，時間，道のりの学習を始めよう」と切り出す方法がある。この他にも，水酸化ナトリウムと塩酸は金属も溶かす劇薬であるという実験を見せて説明した後，これらの劇薬どうしを混ぜると，水と塩（塩化ナトリウム）ができることをいうと，子どもたちに「なぜ，どうして」という感覚を持たせられる。そこで，「化学反応について学習しよう」といって，授業を始めるといった例などが該当する。また，次のようなクイズを出すのも知的好奇心を引き出せるものである。

　　1．一桁の 2 つの数字を思い浮かべなさい

　　2．その中の 1 つの数（どちらでもよい）を 5 倍しなさい

　　3．その数に 5 を足しなさい

　　4．それを 2 倍しなさい

　　5．その数に，初めに思い浮かべた数を足しなさい

　その結果は何ですか？　皆さんが思い浮かべた数をあてましょう。

　思い浮かべた 2 つの数を，$x$ と $y$ とおくと最終的に得られた数式は $10x + y + 10$ になる。生徒の回答から 10 を引いた数値の 10 の位と 1 の位の数が，思い浮かべた 2 つの数に相当する。いわゆる数のマジックである。この数のマジックは無限に作れる。単に方程式を学ぶのではなく，「数のマジックを作ろう」という目標にして，その中で 1 次方程式を学習するという授業の流れにすると，学習する意欲も湧くのではないだろうか。

　③は相反する見解を明示して，その違いに「なぜ，どうして」を感じさせるものである。たとえば，稲作地域にある学校と都会にある学校で稲作における化学薬品の使用に関する議論を行わせる。稲作地域の学校の児童は，害虫から稲を守るために薬品は必要だと考えるが，一方の米を食べる地域の学校の児童は，薬品は健康に害を与えるものだから使わない方がよいと主張する。両者の考えが相反することになる。ここに「なぜ，そのように考えるのか」といった疑問が出てきて，知的好奇心が湧く。この他に，領土問題や紛争・戦争など，

一つの出来事に対して全く異なる2つの見解があるという，いわゆるメディア・リテラシーを育成する素材の提示などがこれに該当する。

## ③ 課題発見解決型学習

### （1）学習を実施する要件

学習者主体の学習の基本は，「学習者が自ら考えながら進める学習」であることである。人は課題を解決するときに自ら考える行為を行うことから，教員は子どもたちに考える機会を与えるために授業の中で課題を出すことがある。その課題解決のレベルはいくつか存在する。容易なものから示すと，① 課題も解決方法もわかっていて解答を出す場合，② 課題はわかっているが，その解決法が分からない状況で解決法を考えて解答を出す場合，さらに，③ 課題が明確でなく，事象からそこに内在する課題を見つけ，その課題を解決する場合がある。近年，課題発見解決能力の重要性が指摘されてきているが，それは第③番目のレベルの場合を意味するが，②のケースも課題解決学習として有効である。

第1節（2）で学習者主体の教育方法の要件として，「仕事ができる人」を育てることと述べたが，「仕事をこなす人」との違いは，後者は何らかの課題が存在するとき，様々な指示を受けて，それをこなしていく人であり，前者は自ら課題とその解決方法を見出せる人である。知識基盤社会の発展と変化は短期間で大きく変化することから，想定外の問題が頻出することが起こりうる。そのため，社会で最も求められる人材は，手取り足とりしながら指示が必要となる「仕事をこなす人」より，「仕事ができる人」である。言い換えれば自ら課題を発見し，解決していく能力を有する人材が求められる。課題発見解決能力とは，① 基礎的な知識・技能，思考力，判断力の基に成り立つ力，② 第2節で述べた疑問をもつ力，③ 豊かな発想力，④ 物事の本質を見抜く力，⑤ 論理的な考え方ができる力，⑥ 解決に至るまでやり遂げられる力などである。この能力を育成する学習が課題発見解決学習である。代表的な課題発見解決学

習としてあげられるのが「総合的な学習」であるが，それについては本教職課
程講座第8巻の「総合的な学習の時間」を参照していただきたい。ここでは，
従来の教科学習の中で課題発見解決学習の導入を考える。総合的な学習で実践
されるものと教科で実践されるものを比較すると，前者は時間をかけて，より
体系的に実践されるものであるが，基本的な学習の考え方，学習の流れに差は
ない。むしろ，学力育成には従来の教科学習のなかでも実践していくことが望
ましい。第2節の「知的好奇心を引き出す授業づくり」でも述べたように，
「なぜ，どうして」という感覚から課題を見出し，あるいは教員から気付かせ，
それを解決していく学習の流れを教科学習の中でも実践することはできる。

### （2）水平思考と垂直思考を導入した学習の流れ

　第7章の第2節（3）の多重知能理論に基づいた真正の問題に取り組む学習
が，米国の学校で科目の中で実践されている（Baum et al., 2005, 97-112）。そこ
での，探求的な学習過程は，① 問題の特定，② 学習目標・計画の設定，③
専門的な役割の特定・分担，④ 仮説の設定，⑤ データ・情報の収集，⑥ 実
験・試験の実施，⑦ 分析，⑧ 結論，⑨ 発表，⑩ 評価で進められている。学
習指導要領の中で書かれている課題発見解決学習の過程は，① 課題の設定，
② 情報の収集，③ 整理・分析，④ まとめ・表現であり，米国の真正の問題
学習と比較すると過程数が少ないように見受けられるが，流れは変わらない。
この学習は社会科，国語，算数の授業時間を運用して，そこで知識を活用した
り，新しい知識を獲得して進めたりするなど，従来の教科学習の中で実践され
ている。この取り組みは教科カリキュラムとの関連性が大きく，複数の教科の
中で並行して進められている。新学習指導要領で求められるカリキュラム・マ
ネジメントに基づく教科横断的な学習の実践を考えるならば，このような学習
は可能であるが，教科の単元で課題発見解決学習を実践する場合，小規模にな
らざるを得ない。

　事例を考えてみよう。社会科の地域学習の単元において，子どもたちが住む
地域に関する学習は自分たちに関連するテーマであることから，真実味のある

課題が存在する。最近，琵琶湖の小魚の佃煮を販売している業者で小鮎の佃煮が減っている現状がある。なぜ小鮎の佃煮が少ないのかを課題の出発点として捉え，考えを深めていく。状況を調べると，小鮎の漁獲量が減少しているという実態があり，そこで新たに漁獲量が減っている原因に疑問が湧く。この疑問を持つ力も課題発見解決能力に必要な力であることは前述したとおりである。漁師数の減少，漁獲量の制限，琵琶湖の水質の変化，餌の減少などと多視点から想定される原因をあげる。この原因がさらに絞りこまれ，鮎の餌となるミジンコの減少が原因と考えられているようだが，そこから，なぜミジンコが減少したのかといった新たな課題の発見につながっていく。地域の学習から食物連鎖という生物の学習領域まで含めて，既有知識を活用し，また新たな知識の獲得や創造が生まれる。この学習の流れが深い学びにつながる。このような学習の流れになると，果てしなく課題は続く。「総合的な学習の時間」であれば，長時間の学習プログラムが可能であるが，教科学習の場合，どこをエンドポイントにするかを考えておく必要がある。

　課題発見解決学習を考える上で重要なことは，まず児童生徒が「疑問を持てるようにする」こと，そして，課題にしても解決策にしても，初めは可能性のある様々な事柄や現象を想像する「水平思考」の考え方が重要となる。この時，枠組みに捉われない意見や直感を大切にし，予想される考えを何でも発言でき，発言内容に関して批判しない環境が必要である。水平思考とは課題発見解決学習能力のなかの豊かな発想力に該当する。その議論を通して，課題が明確になればその解決策についても水平思考を活かす。解決策が焦点化できれば，その後は論理的思考力すなわち「垂直思考」で議論を深めていく。課題発見解決型学習では児童生徒に考える機会を与えること，その考えを引き出せるように教員は支援すること，学びが深まれば深まるほど，場合によっては学習が本題と離れる方向に向かう恐れがあるため，教員は軌道修正を行う，あるいは方向性を示すことなどが必要である。

第8章　主体性を引き出す教育方法

## （3）主体性を引き出す発問

　子どもたちが質問する授業は成功しているとみなされる。質問するということは批判的思考を考えるための要素であり，その授業内容を考えていることを意味するからである。ところが，近年授業の中で質問する子どもたちは減少している。学年が上がるにつれてその傾向は強くなり，日本の大学生は授業であまり質問しないという状況がある。子どもたちから主体的な質問を引き出すためには教員が発問することが重要である。日本の場合，米国のように「Any question？」（何か質問はありませんか？）と言っただけで，多くの質問が出てくる状況ではないことから，発問技術は教員にとって重要な技術である。

　授業の中で発問しない教員はほとんどいないが，教員からの発問の多くは，自身が想定している正解が子どもたちから返ってくることを期待しているものである。子どもたちは教員の顔色をうかがいながら正解を出そうとする。そのため正解だという自信がなければ，なかなか回答しない。こういった発問にはできる子どもだけが回答することになる。一般的に良い発問とは，すべての子どもたちから回答が返って来ることが期待でき，子どもたちの思考を広げたり，深めたりするような考えるヒントを与える発問だといわれており，①　曖昧で長すぎる発問ではなく，明快で簡潔な発問，②　繰り返しが多い発問ではなく，タイミングが良い発問，③　前後につながりがある発問，④　答えがわかり切った発問ではなく，多くの回答が考えられる発問，⑤　押しつけや威厳を保つための発問ではなく意欲をもたせる発問，⑥　正解が本文の中に書かれていない発問，⑦　一問一答で終わらず関連した問が出てくる発問である。

　佐伯は子どもたちが問う力を有することを重視し，その力を引き出す発問として以下の8つの発問をあげている（佐伯，2003，53〜59頁）。各発問で述べている事例は著者が考えたものである。

①　視点を変えるための発問

　固定概念によって，理解が妨げられている場合に，立場を変えたり視点を変えたりして考えさせる。例1：第2節の図8−1で示した問題において，二つの図形が直角三角形だと理由が説明できない。直角三角形の条件は何かという

149

視点から問いを考え直させる。例2：日本に最も近い国はどこだろう？（この発問に対しては，地理的な近さが主要な概念になるが，人口密度，経済成長力，生活習慣など様々な視点から考えが引き出せる。）

② 別の仮定を導入してみる発問

別の仮定を設定したり，あるいは取り除いたりした時にどうなるかを考えさせる。例1：もし太平洋戦争で日本が勝っていたら日本はどうなっていただろう？ 例2：携帯電話がなければ生活はどうなるだろう？

③ 例を考え出させる発問

実感を伴う理解をさせるときに，具体的な例を考えさせる。例1：環境を守るために自分たちができることはどんなことがあるかな？ 例2：この数式で求められる問題を作ってみよう。

④ 例を与えて考えさせる発問

わかりやすい典型例を持ち出して考えさせる。例1：（浮力の学習のときに）重い石を水の中で持ち上げるとどのように感じるかな？ 例2：光と音の進む速さは違うのだろうか？ カミナリはどのように見える，聞こえる？

⑤ 単純化して考えさせる発問

単純なモデルに置き換えて考えさせる。例1：分数の計算が苦手な子どもたちに対して整数に置き換えて考えさせる。例2：円高，円安の意味を理解させるときに，100円で1ドル札1枚と交換できるときと，2枚交換できるときでは米国から物を買う時にどちらが得かな？

⑥ 矛盾を指摘する発問

自身の考え方に潜んでいる矛盾に気付かせる。例1：分母の違う2つの分数の足し算では，分母は分母同士を足し，分子は分子同士を足して答えを出すという求め方におかしいところはないかな？ 例2：色が鮮やかな花弁があるところが花であるという説明におかしいところはないかな？

⑦ 「ほんとうにそうか？」と問う発問

子どもたちが当たり前だと思っていることに敢えて意識的に問い直させる。例1：空気には重さは無いの？ 例2：動いている物体から物をそのまま落と

150

した時に，真下に落ちるの？　例3：一辺の長さが同じ場合，四角形の方が三角形よりいつも面積が大きいの？　例4：歳をとると体力が衰えるの？

⑧　少しずつ条件を変えて極限まで変化させる発問

　ものごとの本質を見極めるために，特定の条件を少しずつ変化させてみる。例1：人間が見える色や音には限られる周波数があることに対して，赤色から周波数をあげていくと色は何色に変化していくの？　あるいは低い音から周波数を上げていくと音はどのように変わるの？　例2：水，温度，光，酸素，土の中で植物の発芽で必要なものが何かを調べるにはどのようにして確かめたらよいの？

　このように発問の基本は，考えることを促し，興味や関心を高め，学習の見通しを認識させることである。発問は授業を支えるものでもあるため，教員は発問の内容を十分に考える必要があるとともに，子どもたちからの回答に対しても無視せず，その内容に反応，対応することが必要である。


### 参考文献

ダニエル・グリーンバーグ，大沼安史訳（2006）『世界一素敵な学校サドベリー・バレー物語』緑風出版。

佐伯胖（2003）『「学び」を問い続けて』小学館。

篠原正典（2012）「協調学習を組み込んだ講義型授業への参加意識や学習効果と学生の思考スタイルとの関係」『情報コミュニケーション学会誌』8（2），14〜23頁。

篠原正典（2014）「明確な思考スタイルを持たない学生の特徴と学生への学習の動機づけ」『情報コミュニケーション学会誌』10（1），27〜35頁。

ロバート・J・スタンバーグ，松村暢隆・比留間太白訳（2000）『思考スタイル――能力を生かすもの』新曜社。

波多野誼余夫・稲垣佳世子（1973）『知的好奇心』中公新書。

藤井利江・山口裕幸（2003）「大学生の授業中の質問行動に関する研究――学生はなぜ授業中に質問しないのか？」『九州大学心理学研究』4，135〜148頁。

Baum, Susan, Julie Viens, and Barbara Slatin (2005) *Multiple Intelligences in the Elementary Classroom*, Teachers College Columbuia University, New York.

Berlyne, D. E. (1960) *Conflict, Arousal and Curiosity*, New York : McGraw-Hill Publishing Company Ltd., pp. 350.

Grabinger, R. S., and Dunlap, J. C. (1995) "Rich environments for active learning : a definition," *Association for Learning Technology Journal,* 3 (2), 5-34.

Gray, P. (1993) "Engaging students intellects : The immersion approach to critical thinking in psychology instruction," *Teaching of Psychology,* 20, pp. 68-74.

National Training Laboratories, "Tag Archives"
https://terrynewberry.wordpress.com/tag/national-training-laboratories/

### 学習の課題

(1) 多様な思考スタイルや学習意欲などを有する学習者が存在し，学習に対する態度はさまざまである。あなたは，このような中でどのような教育方法・技術を使うことによって学習者主体の学習を実践しようと考えますか。

(2) 子どもたちの単なる興味や関心ではなく，「なぜ，どうして？　知りたい」という知的好奇心を引き出すためにどのような授業を行えばよいか，具体的に科目を設定して，知的好奇心を引き出す方法を考えよう。

【さらに学びたい人のための図書】

波多野誼余夫・稲垣佳世子（1973）『知的好奇心』中公新書。
　　　⇨人間は怠けものではなく，本来知的好奇心の強い，活動的な存在であるという考え方に基づき，知的好奇心の本質から，それを生かした授業，学習者中心の授業などが書かれている。

E・B・ゼックミスタほか，宮本博章ほか訳（1996）『クリティカルシンキング　入門篇と実践篇』北大路書房。
　　　⇨米国で1960年代から力がそそがれてきたクリティカルシンキングの入門書と実践書である。原因帰属における落とし穴，意思決定，良い議論と悪い議論など論理的な思考を行う場合の基本的な考え方がまとめられている。

佐伯胖（2003）『「学び」を問いつづけて』小学館。
　　　⇨教員の視点からだけではなく，学ぶ側から授業を考える，あるいは「自ら学ぶ」ことを学ぶといった視点から著者が考える「学び」を書いた，非常に読みやすいが，含蓄のある書籍である。

（篠原正典）

第 9 章 対話的な学びを育む協調自律学習

**この章で学ぶこと**

2017（平成29）年３月から公示された新学習指導要領は，教員に対して主体的・対話的で深い学びの実現に向けて授業を創意工夫することを求めている。これらは新しい概念に基づく新たな学びのように聞こえるが，決してそうではない。基本的な授業設計の在り方を改めて問い直しているのである。本章では，とりわけ「対話的な学び」に焦点を当てながら，ここでいう対話的な学びがどのようなものであり，どのように設計すればよいのかについて，事例を参考にしながら考察する。

## 1 求められる学力と対話的な学び

文部科学省は，2017（平成29）年３月から各教育課程の新学習指導要領を順次公示している。その中で，たとえば小学校の総則を読むと次のような一文を確認することができる。

> 学校の教育活動を進めるに当たっては，各学校において，第３の１に示す主体的・対話的で深い学びの実現に向けた授業改善を通して，創意工夫を生かした特色ある教育活動を展開する中で，次の（１）から（３）までに掲げる事項の実現を図り，生徒に生きる力を育むことを目指すものとする。
>
> （文部科学省，2017，3頁）

本改訂の特徴の一つとして協調されていることは，「主体的・対話的で深い学び」という言葉が加えられたことである。この言葉は，幼稚園教育要領で１回，小学校の学習指導要領で16回，中学校の学習指導要領で14回，特別支援学

校幼稚部教育要領では1回，特別支援学校小学部・中学部学習指導要領では17回登場している（2017〔平成29〕年9月現在）。これほど繰り返し強調されている「主体的・対話的で深い学び」とはどのようなものであろうか。

　もともとは高等教育機関の改革のために言及された「アクティブ・ラーニング」を換言したものである。「アクティブ・ラーニング」は，中央教育審議会『新たな未来を築くための大学教育の質的転換に向けて（答申）』（2012）の「用語集」では次のように定義されている。

> 教員による一方向的な講義形式の教育とは異なり，学修者の能動的な学修への参加を取り入れた教授・学習法の総称

　大学全入時代を迎えた高等教育機関は，変動社会で想定不能の事態に柔軟に対応可能な人材の育成が求められ，多様なニーズをもつ学生の学習成果の質保証に向けてアクティブ・ラーニングをテーマとした研修なども盛んに行われるようになった。しかしながら，学習者一人ひとりにきめ細かな指導をすることは，膨大な教育コストを要する。能動的な学びは，そのコストを下げる意味においても注目された。

　高等教育改革に関する議論の影響は，大学入学試験の見直しにまで及び，新たな大学入試制度の導入が検討された。これに伴い，初等教育課程や中等教育課程でも，授業が学習者にとって主体的・対話的で深い学びになるよう授業の見直しが図られ，改善していく必要があるという方向性を共有し，学習指導要領でも強調されるようになった。しかしながら，「主体的・対話的で深い学び」と「研修」をキーワードに検索してみると14万1,000件もヒットする（2017年9月現在）ことからわかるように，この言葉の登場によって，新たな概念の授業が導入され，そのための訓練が求められているかのような解釈を世間にもたらしていることは否定できない。

　独立行政法人教職員支援機構次世代型教育推進センターは，ウェブサイトにおいて，主体的・対話的で深い学びによって「実現したい子供の姿」を行為動詞の形で明示し，さらにそのイメージをピクトグラムで表現している（表9-

第 9 章　対話的な学びを育む協調自律学習

表 9 - 1　次世代型教育推進センターが例示した実現したい子供の姿

| 主体的な学び | 興味や関心を高める | 深い学び | 思考して問い続ける |
| | 見通しを持つ | | 知識・技能を習得する |
| | 自分と結び付ける | | 知識・技能を活用する |
| | 粘り強く取り組む | | 自分の思いや考えと結び付ける |
| | 振り返って次へつなげる | | 知識や技能を概念化する |
| 対話的な学び | 互いの考えを比較する | | 自分の考えを形成する |
| | 多様な情報を収集する | | 新たなものを創り上げる |
| | 思考を表現に置き換える | | |
| | 多様な手段で説明する | | |
| | 先哲の考え方を手掛かりとする | | |
| | 共に考えを創り上げる | | |
| | 協働して課題解決する | | |

出典：独立行政法人教職員支援機構次世代型教育推進センター「新たな学びに関する教員の資質能力向上
　　　のためのプロジェクト」サイト内ピクトグラム一覧。

155

１）。これを参照する限り，主体的・対話的で深い学びが，これまでに耳にしたことがないような珍しい内容で構成されているものではないということが確認できるであろう。重要なのは，同サイトにおいて「主体的・対話的で深い学びの視点からの学習過程の質的改善により実現したい子供の姿をピクトグラムでイメージ化」していると説明されていることからもわかるように，求められているものは新たな学力ではなく，「学習過程の質的改善」なのである。

　同サイトで示された行為動詞によると，「主体的な学び」や「深い学び」は学習者一人ひとりが実現できるものであるが，それらに広がりをもたせるために，「対話的な学び」が中間的に位置付けられている。多くの学校の公開授業でグループワークがみられるようになったが，情報交流が思考の拡散にとどまり，学びが深化しない場合も少なくない。また，一部の学習者による活動に留まったり，教員が介入しなければ学習が維持できないこともしばしばみられる。このようなことから，「主体的な学び」による思考を「深い学び」に導き，一人ひとりが自律的に学び続ける力を獲得できるような「対話的な学び」の実現に向けて「学習過程の質的改善」を図る必要がある。次世代型教育推進センターが例示している行為動詞は，「対話的な学び」における望ましい学習者の姿の一例として，参考にすることができる。

## ２　協調自律的な学習の事例

　「対話的な学び」における望ましい学習者の姿として示されている行為動詞のリストには，「多様」という言葉が２回登場している。「対話的な学び」によって学びに広がりや深まりがもたらされ，「深い学び」につなげていくことができるのは，対話する一人ひとりの学びが多様であるからに他ならない。そして，学習の多様性を顕在化させ，それらの相互作用から新たな知識を獲得したり，能力や技術を高めたりする場面を設定する手段として，協調的な学習が採用されることは少なくない。そして，その多様性を活かして，学びの自律化を助けるための工夫も検討されている。

第9章　対話的な学びを育む協調自律学習

　では，協調的で自律的な学習とは，たとえばどのような学習なのであろうか。ここでは，近年様々な場で採用されている学習方法から，事例として下記の3つを取り上げ，その特徴を確認してみよう。

## （1）ワールド・カフェ（香取・大川，2009）

　アニータ・ブラウンとデイビッド・アイザックスが考案した方法であり，カフェがもつ，豊かな創造性に結びつきやすい対等で開かれた雰囲気を，学ぶ場に取り入れようとする手法である。これは対話手法であるため，結論を求める議論とは異なるが，近年は学習方法の一種として授業や研修で採用されている。

　模造紙をテーブルクロスのようにセッティングしたテーブルに4人以上が集まり，提示された問いについて自由に対話することが基本である。ある程度の時間が経過したら，テーブルにそのまま残る者を一人決め，その他のメンバーは他のテーブルにバラバラに移動する。テーブルに残った者は，他のテーブルから移動してきたメンバーに対して，そのテーブルでどのような対話がなされたのかについて，説明する。他のテーブルに旅立ったメンバーも，移動前のテーブルでどのような対話がなされたのかを，移動先のテーブルのメンバーに説明する。その後，新たなメンバー同士で対話を続け，時間がきたら再び元のテーブルに戻り，移動先でどのように対話し，新たにどのような気付きがあったのかなどを共有する。このように，少人数でじっくり対話することを繰り返す中で，気付きやアイデアが蜂に運ばれた花粉のように広がっていき，あたかも会場全体で話したかのような状態がつくられていく。

　全体で共有するテーマに関する気付きを拡散させたり，テーマに対して一人ひとりが取り組みたい課題を考えるときなどに適した方法である。

## （2）ジグソー学習

　エリオット・アロンソンは，アメリカで，様々な人種の子どもみんなが学べるような方法として，ジグソー学習を考案した。ある概念をいくつかの視点で切り分け，子どもたちが分担して学び，教え合うことで習得するという学習形

157

態で，その様子を，パズルピースを持ち寄って一枚の絵を完成させることに喩えている。格差を生む競争の関係から，お互いに学び合う協働の関係に変化するため，学習者の多様性を活かすことが可能である。アロンソンの実践に共感した筒井昌博は，日本の学校でジグソー学習の実践を重ね，さまざまなジグソー学習を提案している（筒井，1999，29〜31頁）。

ジグソー学習は，ワールド・カフェと同様，学習グループが再編成されることによって，情報や知識が変容する特徴を，うまく活かした方法といえる。我が国では，筒井の他にも，東京大学の CoREF（大学発教育支援コンソーシアム推進機構，http://coref.u-tokyo.ac.jp/）が様々な事例を提案している（三宅・東京大学 CoREF・河合塾，2016）。

## （3）チーム学習

チーム学習は，PBL（Project（Problem）・based learning プロジェクト・ベースド・ラーニング，プロブレム・ベースド・ラーニング）において採用される学習形態の一種である。ここでは，具体例を検討するために，西之園ら（2011）の事例に基づきながら，教員養成におけるPBLとしてのチーム学習を紹介する。

チーム学習は，アロンソンのジグソー学習と同様に，すべての学習者が学ぶための方法として提案されている。ただし，ジグソー学習は学習内容を分担するが，チーム学習は学習するための機能を分担する。たとえば，学習者一人ひとりが司会係，情報技術係，記録整理係，学習報告，音読確認係，計画管理係といったような役割を担いながら，学習の進行を支える。このようなチームを3つ組み合わせると，学団という学習集団が構成可能であり，チームで学習した成果を他のチームと共有したり，相互評価したりすることができる（図9-1）。ジグソー学習では競争から協働への移行を目指すが，チーム学習はチーム間の競争とチーム内の協働によって学習の自律化を助けている。

第9章　対話的な学びを育む協調自律学習

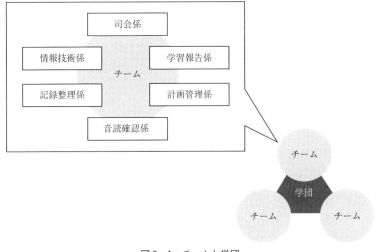

図9-1　チームと学団

### 3　協調自律的な学習の設計

近年，授業をつくるための参考書が次々と出版されている。それらには，授業を設計する際に利用することが可能なモデルがいくつか提案されている。ここでは，協調自律的な学習を設計するプロセスについて具体例を示すために，前項で紹介しているチーム学習と，その学習を設計する際に利用したモデルとして，MACITO モデルを事例として取り上げながら，モデルを利用した設計のシミュレーションを行う。

### (1) MACITO モデルとは

西之園晴夫が，佛教大学に着任した際に，自らの授業を設計する際に開発したモデルであり，設計の視点の頭文字（Meaning, Action, Contents, Interaction & Information, Tools & Technology, Outcomes）をとって MACITO モデルと名付けられた。2014年までは MACETO モデル（E は環境：Environment）であっ

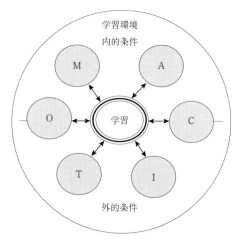

図9-2　MACITO モデル
出典：西之園（2014）。

たが，内容が見直されて改訂され，MACITO モデルになった（学習開発研究所，2014）。

　MACITO モデルで示された各視点は，円形で表されているため，設計の序列を考慮する必要がない。担当している授業や設計したい授業で，重視している視点や考えやすい視点から始めて，各視点の対応関係を考えながら記述していく。さらに，実際の学習状況の観察結果と照合し，それらのギャップに注目しながら内容を絶えず記入・修正することができる。このような特徴を活かすことで，さまざまな視点をもつ他者と授業を協同設計することができる。複数人数でのブレインストーミングなどを通して，「思いつき」や「イメージ」が多数発案されれば，設計の切り口の数も多くなるので，数パターンの展開案を考えておくこともできる。つぎに，MACITO モデルの各視点について，具体例をあげながらより詳しく検討する。

（2）各項目で記述すること

　MACITO モデルは6項目から成り立っているが，それらは西之園の経験則

第9章　対話的な学びを育む協調自律学習

から学習の協調性と自律性を成立させる視点として抽出されたものである。以下，各項目から設計内容を考えるにあたっての留意点を整理するが，自分のアイデアを引き出すきっかけにすぎないので，記述内容に厳密に従う必要はない。

M：学習をどのように意味（Meaning）づけるか（学習目標，解決すべき課題など）

　学習者が学びたくなるような（あるいは学ぶ必要があると感じることができるような）テーマの設定に影響を与える項目である。その時間の学びの価値は，新しい方法をつくることにあるのか，競争することなのか，問題解決することなのか，体験することなのか，などを示すことで，その価値に向かって学習者間で協力することができる。

　学習にどのような意味をもたせるのか，どのようなテーマであれば学習者にとって迫真性が感じられるのかは，学習者がどのような価値観に基づいて行動する傾向にあるのかを，日頃から十分観察することで，検討しやすくなる。テーマが具体的すぎても抽象的すぎても活動に広がりが期待できないが，学習者が自分で手に入れることができる情報（つまり「C：内容」）を手掛かりに考えることができるものにしておくことで，学習の自律化を助けたり，考えに広がりや深みをもたせたりできる。

A：どのような活動（Action）を計画するか

　ここでは，学習目標の達成に向けて，学習者に期待する行為や起こりうる行為を記述する。そのときに，もしも，記述された行為動詞が「聞く，書く，答える，解く」で占められているとしたら，授業中に学習者がほぼ動かない，講義中心の授業であると考えてよい。

　学習者にとって取り組みやすく，なおかつ取り組みがいがある（挑戦的な側面が含まれている）活動のために必要な行為を検討する必要がある。この部分を明確にさせることができれば，他の教科を担当する教員とも協力して授業を検討することもできる。たとえば，「考える」という行為動詞ひとつをとりあげ

161

図 9-3 ネットで公開された教材への
リンクとなる QR コードの事例
（実際に QR コードを読み取って資料を確認すること
ができます）

たとしても，分析して「比較する」という考え方がよいのか，他の人が思いつかないことを自由に「発案する」という考え方を期待するのか，仮説をたてて「検証する」という考え方がよいのかといったように，さまざまな行為動詞をあげることができる。

C：どのような内容（Contents）を学ぶか

この項目では，新たに習得する概念や，それを習得する上で道具となる知識や情報，技術を取り上げる。たとえば，一次関数の概念を理解するためには，文字式の知識が必要であり，為替相場の変動について理解するためには需要と供給に関する知識が必要になる。

これらを検討することによって，既に学んだ内容や，他の教科で学んだ内容とを関連づけることができる。知識を習得する上では，その情報源がテキストにとどまらず，インターネットや図書館の資料を利用して広く収集できるように T（学習用具）や A（学習活動）を工夫するとよい。たとえば参考になる複数の Web サイトの URL と QR コードを示しておくと，インターネットに接続可能なスマートフォンやタブレットから参照することができる。なお，QR コードは，無料で作成することができる。（※図 9-3 の QR コードは「CMAN」というサイト https://www.cman.jp/QRcode/qr_url/ で作成した。）

I：どのような相互作用（Interaction）あるいは情報（Information）が必要か

第9章　対話的な学びを育む協調自律学習

学びに広がりや深みをもたせるための，学習者同士の関わり方について，考える項目である。たとえば，ある概念を理解するために考える視点を分割させて，一人ひとりが情報を分担して集め，事前に要約しておいたものを報告し合うことによって，その概念を理解するという，いわばジグソー法を採用して概念理解を図る場合がある。その際に，情報収集と内容の要約は課外に取り組むことにすれば，授業時間はそれらの報告と概念理解に費やすことができるため，課外時間を含めた活動を支援できる学習支援システムの利用を採用することもできる。

また，相互に関わり合うきっかけづくりを検討することも重要である。たとえば，一人ひとりが異なる役割（進行役，報告役，計画役，音読役，情報収集役，記録役など）を担うことによって，それぞれの立場から必要な発言を行うなど，有機的に関わり合うきっかけをつかむ方法も考えられる。

Ｔ：どのような用具（Tool）あるいは技術（Technology）を用いて学習すればよいか

たとえば，ホワイトボードを学習者グループに配布すると，記入したり消したりという行為の繰り返しが自然とおこるように，学習用具は学習行為を誘発することがある。このように，Ｔ（学習用具）の視点はＡの視点（学習活動）と関わりをもつことが少なくない。さらにＩ（相互作用）の視点からみた問題を解決するときに，同時にＴ（学習用具）について考えることもある。たとえば，メンバー内の距離を縮め，話し合いを充実させたいときに，Ｔ（学習用具）を工夫する。模造紙を大きなメモ用紙とみたてて壁に貼り，メンバーは模造紙を囲むように全員立つことによって，学習に集中できるようにする。このとき必要なＴ（学習用具）として，養生テープ，模造紙，裏うつりしにくいカラーマーカーなどをあげることができる。

Ｏ：どのような成果（Outcome）を期待できるか

この項目は，Ｍ（学ぶ意味，目的）と強い関わりがあり，ある目的をもって学

んだときの成果について考える項目である。たとえば，既存の概念の習得に留まらず，新たな知識の構築が期待されている授業であれば，成果は単純にテストで測ることができるようなものではなく，生み出されたアイデアと，そのアイデアの新規性を訴えたプレゼンテーションやレポートになるであろう。さらに，このような成果を求める場合，アイデアを多数集めるためには，他者と協力したほうが得策になり，他者と協力して学ぶことの意味が明確になる。

### （3）イメージと MACITO モデルの連動

たとえば，「バイキング」のようなイメージで，読解力を高める授業を構想するとしよう。好きなものを好きなだけいただくというイメージから連想して，得意なテーマの論説文を選んで要約を行うという A（学習活動）を考えた場合，必要な T（学習用具）として，さまざまなレベルの論説文を用意しておくことになる。発案し続けていくうちに，「このイメージに基づく学習は，習得できる能力に偏りが生じるのではないか？」といった違和感をもった場合は，思い切って他のイメージで発想すればよい。このように，イメージを用いて発想し，それを気軽に入れ替えて修正できる点が，このモデルの強みである。

## 4　協調自律学習の評価
### ——学習指導計画と評価計画の往還——

一般的に，授業の評価活動は2つの側面から行われる。すなわち，学習者自身が学習状況を確認する視点と，設計を改善する視点である。協調自律学習においては，評価活動も含めて協調的・自律的に取り組むことが重要である。具体的に，それぞれの「評価」をどのように行うのか，以下，順に紹介する。

### （1）学習者が学習状況を確認するための評価

学習状況を確認する目的を，学習方法の軌道修正や学習計画をたてることだとするならば，基本的には学習者本人が行うことができるように準備しておく

第9章　対話的な学びを育む協調自律学習

**表9-2　評価基準の事例：教職科目「教育方法学」のレポートのレベルの基準**

| | ショートレポートをひとつにまとめる | 文献1冊と配布資料を参考にしてまとめる | 文献2冊以上と配布資料を参考にしてまとめる | 最終レポートの要約を1ページ目に示す，専門用語を使う |
|---|---|---|---|---|
| 90点以上<br>専門性を身に着けたい | ○ | ○ | ○ | ○ |
| 80〜89点<br>説得力のある説明がしたい | ○ | ○ | ○ | |
| 70〜79点<br>持論をもちたい | ○ | ○ | | |
| 60〜69点<br>単位がほしい | ○ | | | |

ことが望ましい。そのため，授業全体の評価計画については学習者と共有可能な形で公開し，学習者にとって学習の見通しがもてる状態にするとよい。たとえば，表9-2のような形の記述方法が考えられる（表9-2のようなものを「ルーブリック」と呼ぶが，その作成方法の詳細については第12章を参照すること）。

　授業終盤には，再度同じ評価表を使って学習目標を確認し，目標に至るまでに必要なものを確認し（たとえば，80点台のレベルのレポートを書きたいので，文献をあともう1冊分参考にしてレポートを書く必要がある，など），必要であれば目標を変更することができる（70点台のレポートを目指していたが，あともう1冊読んで80点台のレベルを目指すことにする，など）。

　相互評価を行う際には，教員が期待している視点をチェックシートの形式で用意しておくことで，基本的な視点を共有することができる。それらを用いて，同じチームのメンバーのレポートや，先輩のレポートや，レベルの高いレポートやそうでないレポートなど，さまざまな成果を評価することを通して，評価のポイントをつかむことができるようになるため，最終的に学習者が自分の成果を妥当な形で位置付け，学習計画に結び付けることが期待できる。

表9-3 学習上のつまずきを把握するための質問例

- メンバー一人ひとりが役割に沿ったシステムの使い方を時間内に習得できましたか。習得が困難であった役割があれば，記入してください。
- 進行する際に補足したことがあれば，記入してください。
- 本日の学習の中での新出用語を列挙し，意味が理解できない用語があれば，印をつけてください。
- 本日学んだ「●●」を，自分が理解しやすい文章で説明しましょう。

## （2）設計改善のための評価

授業の設計を改善するためには，学習上のつまずきを把握する必要がある。確認する方法として，たとえば，毎時間各チームに達成状況を確認する質問用紙を配布して，その回答内容から改善点を考えるという方法がある（表9-3）。

質問用紙による学習状況の確認は，あくまでも改善のきっかけを得るものにすぎない。とくに，本時の学習後に調査する場合は学習過程を把握することができない。そのため，具体的にどのような部分について改善すればよいのかを発見するためには，たとえば，授業中に学習状況を観察し，すでに紹介したMACITOモデルの項目ごとにメモをとっておくことで，学習の変容を確認する必要がある。このような確認は，とくに新たに設計した授業の初期段階において丁寧に取り組むと効果的であるが，授業が安定してくると，少なくとも半期に一度は気になる1時間分の授業を取り上げて観察記録をとることによって，授業者自らが学習の変容に意識を保つよう習慣づけることも重要である。

## 5 協調的な学習を設計する教員の学び

本章で触れている学習能力は，児童・生徒・学生だけが必要とする能力ではない。能力を育成するための授業を構成する教員もまた，「学び続ける教員」として日常の教職生活を通じて高め続けていくことが期待されている（文部科学省，2012b）。教育現場で採用されてからも，重責を個人で請け負うのではな

第9章　対話的な学びを育む協調自律学習

く，また，先輩教員や熟練教員による指導をただ待つのではなく，協調的な学
びを通して活路を切り拓きながら，専門職としての技術・能力を高めていくよ
うにすることで，学習者の視点に立ちながら，授業を設計し続けることが期待
できる。

**参考文献**

学習開発研究所（2014）『「教える」から「学ぶ」への変革——学習投資への道』
　（Kindle 版）Amazon Services International, Inc.

香取一昭・大川亘（2009）『ワールド・カフェをやろう』日本経済新聞出版社。

筒井昌博編著（1999）『ジグソー学習入門』明治図書。

独立行政法人教職員支援機構次世代型教育推進センター「新たな学びに関する教員の
　資質能力向上のためのプロジェクトサイト内ピクトグラム一覧」http://www.nits.
　go.jp/jisedai/achievement/jirei/pictogram.html（2017年9月アクセス）

西之園晴夫・望月紫帆・宮田仁（2011）『学習ガイドブック　教育の技術と方法——
　チームによる問題解決のために』ミネルヴァ書房。

三宅なほみ・東京大学 CoREF・河合塾編著（2016）『協調学習とは——対話を通し
　て理解を深めるアクティブラーニング型授業』北大路書房。

文部科学省（2017）「小学校学習指導要領　第1章総則，第1　小学校教育の基本と
　教育課程の役割」

文部科学省（2012a）「中央教育審議会『新たな未来を築くための大学教育の質的転換
　に向けて（答申）』

文部科学省（2012b）「中央教育審議会『教職生活の全体を通じた教員の資質能力の
　総合的な向上方策について（答申）』」

## 学習の課題

(1) 本書内で示されている我が国の教育課題の10年後の状態を想像し，自分が今後どのように変容しなければならないかのイメージを描き，MACITO モデルを用いながら１年間の自身の学習計画を立てよう。

(2) これまでに自分が他者と協調的に学んだ中で，直面した課題を列挙し（他者の体験談に基づいてもよい）それらの中のいくつかについて，解決に向けた学習設計上の留意点を説明しよう。

(3) 具体的な教科を１つ取り上げ，表９-１の対話的な学びの行為動詞と関わりをもたせながら協調自律的な学習を設計し，設計した授業について評価方法を含めながら説明しよう。

【さらに学びたい人のための図書】

市坪誠・油谷英明・小林淳哉・下郡啓夫・本江哲行編著（2016）『授業力アップ アクティブラーニング——グループ学習・ICT 活用・PBL』実教出版。
⇨第２節の（３）で示した２つの PBL の違いが説明されている。

松下佳代・京都大学高等教育研究開発推進センター編著（2015）『ディープ・アクティブ・ラーニング』勁草書房。
⇨アクティブ・ラーニングの背景や事例をより詳しく知ることができる。

学習開発研究所（2014）『「教える」から「学ぶ」への変革：学習投資への道』（Kindle 版）Amazon Services International, Inc.
⇨第４節の（２）の他の方法として，カードシミュレーション（第５章）を紹介している。

（古田紫帆）

<table>
<tr><td>第10章</td><td>教授・学習を成立させる<br>教材・教具</td></tr>
</table>

この章で学ぶこと

　この章では，まず授業を教授・学習過程として捉え，授業を成立させる
ために必要な教材・教具について，特に ICT やメディア教材に焦点化し
て検討する。その際，教師による ICT 活用，児童生徒による ICT 活用の
ほか，これらの ICT 活用において多く用いられるさまざまなメディア教
材について例示し，これからの教師にとって必要な ICT 活用指導力につ
いて検討する。

## 1　教授・学習過程と教授メディア

### （1）教授・学習過程とは何か

　教授・学習過程とは，教授者が教育目標，教育内容に基づいて学習者に情報
を伝達し，受信した情報を学習者が既習の知識・経験等との比較や解釈といっ
た処理を行って，反応として教授者に情報を伝達するというような，教授者と
学習者の間のコミュニケーション過程である（坂元，1973）。

　このモデルでは，教授−学習過程が8つの段階に分けられている（図10-1）。

　このうち，① 教授者の情報処理活動は，当該の授業でどの教材を活用する
かという教材研究や，それをどのように提示するかなどの授業設計を含む。
② 教授者による情報提示では，③ 学習者への情報受容の質が向上するための
提示教材が重視されてきた。教授者である教師による講話や，黒板に貼る掲示
から，かつては大きな掛図のような教材が活用された。これらの提示教材は，
今日，教室への ICT の整備により，デジタルによる豊かな表現力を活用した
教材へと進化している。

169

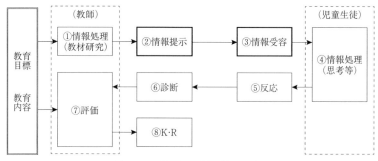

図10-1　教授-学習過程のモデル
出典：坂元（1973）。

④ 学習者の情報処理（思考等），⑤ 学習者による反応，⑥ 教授者による診断，⑦ 教授者による評価，⑧ 教授者から学習者へのK・R（Knowledge of Results）情報の提示という一連の活動は，授業中の教師と児童生徒の間の言語によるコミュニケーションとして成立する。⑥の診断と⑦の評価には，教授者である教師による教材への分析的な理解が求められることになるが，これは①の段階での教材研究の精度と深く関わる。

　ICTを活用した個別学習教材には，①から⑧までが事前に学習プログラムとして搭載されている。このような教材を民間企業等が開発するために，教師による授業前の教材研究や，授業中の意思決定についての研究が長年に亘って積み重ねられてきた。

**（2）教授メディア活用の系譜**

　教授メディアとは，教授-学習過程における，教授者と学習者の間のコミュニケーションを効果的に成立させるための補助的手段であると定義される（若山，1988）。この定義に基づくと，教授メディアは，黒板，大型テレビ，ICT等の装置にあたるものと，印刷物としての教科書やプリントから，デジタル教科書やデジタル教材等のコンテンツにあたるものに分類される。

　それぞれの教授メディアには特性がある。たとえば，黒板に書かれる情報は，授業の時間経過と授業コミュニケーションが進むにつれ，学習者の思考ペース

第10章　教授・学習を成立させる教材・教具

に合わせて順次付け加えられていく点に特徴がある。しかし複雑な図や構造などを板書するには，時間と手間がかかる。一方，それらは ICT を用いれば簡単に提示できるし，動画等によってより理解しやすい提示が可能である。

　このように，教授メディアには特性があり，その特性を活かした活用をすることによってはじめて効果的な授業に結びつく。

　技術の進歩に伴って，今日の教授メディアの多くはデジタル化されている。音声では CD，MD，IC レコーダ等が，映像ではデジタルカメラ，デジタルビデオカメラ，DVD，Blu-ray等が多く活用されてきた。昨今のストレージの大容量化により，デジタル情報をそのままストレージに記録し，コンピュータで再生したり，音声データからテキストデータに変換したりすることも ICT が支援してくれるようになった。さらにクラウドの発達により，写真や映像はクラウド上に置かれるようになり，インターネットにつながっていることが不可欠になっている。

　学習者に理解を促すための代表的なコンテンツの1つに学校放送番組がある。学校放送番組の特性として，教師が構成困難な教育内容を子どもたちにわかりやすい演出で制作されていることがあげられる。NHK 教育テレビ（現在の Eテレ）によって制作される学校放送番組は，学習者の視聴能力や授業時間の中で活用されることを想定し，1番組が10分から15分程度の長さとなっている。また，インターネットを経由したオンデマンド再生や，番組を意味単位ごとに分解したクリップとして提供されている。

　学校放送番組に加え，近年では高等教育機関を中心とした MOOC（Massive Open Online Courses）などのオンライン学習リソースが発達し，様々に提供され始めている。映像の視聴によって一定の理解をもち，その後に学校の授業で議論を行うような反転授業も現実的になりつつある。

　授業の充実のためには，これらの教授メディアの教室への整備が必要であり，さらにこれらの教授メディアの特性を理解し授業で活用する力量が教師に求められる。

## （3）教える道具としての ICT の活用

学校教育を対象とした教授メディア研究でもっとも多く検討されてきたのは，坂元（1973）における，②教授者による情報提示に関するものである。これらの実践や研究の分野は，かつては視聴覚教育や放送教育と呼称され，今日では教師による ICT 活用という概念で統合されつつある。

教室で多く用いられる ICT は，デジタルテレビ，プロジェクタ，電子黒板等の大型提示装置と，大型提示装置に信号を送る装置であるコンピュータ，実物投影機等である。このうち大型提示装置は，いずれか 1 つが教室に備わっていればよく，黒板と併用して用いられることが多い。実物投影機は，身の回りにある様々なものを大型提示装置に映すことができ，さらに教師の手元も映すことができることから，とりわけ小学校や特別支援学校で有用である。コンピュータはさまざまなコンテンツを入手して提示することができる。

ICT を活用した方が望ましい授業場面は，1 時間の授業の中に何度もある。したがって教室に ICT が常設されていることが必要である。堀田ら（2013）は，実物投影機が教室に常設され，1 日 1 回以上活用している小学校教員を対象とし，彼らが実感している実物投影機の活用効果について調査した結果，説明等の理解の促進がもっとも高く，続いて準備の手間の軽減，説明等の時間短縮の順であることを示している。また，実物投影機が教室に常設されている教室環境で日々の授業を行う教員にとって，実物投影機の活用は常態化しており，実物投影機が活用できない場合には数多くの指導困難点が生じると予想しているなど，授業環境として不可欠となっていることが確認されたと報告している。

渡邉ら（2009）は，算数科の一斉授業において，同じ教員が同じ題材で，ICT を活用した授業と活用しなかった授業を行い，それぞれの授業の各過程に要した時間や，児童に対する教員の学習支援の程度を比較した。その結果，ICT を活用した授業では，活用しなかった授業に比べて，教員による指示・説明や児童に対する学習支援，児童による活動の時間が短縮されていたことを示し，ICT を活用した授業では授業過程におけるそれぞれの指導場面の効率化が図られていることを確かめている。

第10章　教授・学習を成立させる教材・教具

## （4）学ぶ道具としての ICT の活用

　2020年より全面実施される学習指導要領においては，各教科等における「学習の基盤となる資質・能力」として，言語能力と並んで情報活用能力が重点化された。各教科等の学習においてベースとなって機能する資質・能力として情報活用能力が提示されたこととなる。

　情報活用能力とは，児童生徒に備わるべき ICT の基本的な操作スキル，ICT の活用によって得られる様々な情報の適切かつ効果的な活用のスキル，情報モラル等を含む能力である。今後期待される学習活動においては，児童生徒がいくつもの情報を取り扱い，必要に応じてそれらを ICT で収集したり保存したり再加工したりプレゼンテーションしたりといったシーンが想定される。このようなシーンでは，情報活用能力が各教科等の学びを支える基盤として作用するということになる。今後は大学入学者選抜においても CBT（コンピュータで試験を行うこと）が導入されることから，ICT を自在に操作できなければ入試でも不利になることが想定される。

　これを受けて文部科学省（2017a）は，学習者用コンピュータを「3クラスに1クラス分」整備することを国の基準として定めた。これは，授業場面において必要な際にはいつでも学習者用コンピュータが活用できることを保証しようとしたものである。同時に校内の Wi-Fi 等の整備も必要となる。これらの ICT 環境の整備は，学習指導要領における学習環境の整備であり，教育委員会や学校が精力的に取り組む必要がある。

　児童生徒が ICT を広く活用し，時にはこれを自宅に持ち帰って家庭学習でも活用することは，学校と家庭の学習の接続として望ましいことである。一方で，教師の管理を離れたところで児童生徒が ICT を活用することによる不適切な活用を防ぐために，情報モラル教育が重視されている。

## （5）教員に求められる指導力

　文部科学省は「教員の ICT 活用指導力のチェックリスト」を作成し，「学校における教育の情報化の実態等に関する調査」の中で全国のすべての教師に対

して経年調査を実施している（文部科学省，2007）。

　同チェックリストには小学校版と中学校・高等学校版の2種類がある。「A：教材研究・指導の準備・評価などに ICT を活用する能力」「B：授業中に ICT を活用して指導する能力」「C：児童生徒の ICT 活用を指導する能力」「D：情報モラルなどを指導する能力」「E：校務に ICT を活用する能力」の5つの大項目の中に，18項目の基準が示されている。18項目別に「わりにできる」「ややできる」「あまりできない」「ほとんどできない」の4段階の自己評価を教師が行うこととなっている。

　平成28（2016）年度末の調査では，「B：授業中に ICT を活用して指導する能力」で「わりにできる」「ややできる」にチェックした平均は75.0％と年々向上しているものの，「C：児童生徒の ICT 活用を指導する能力」の平均は66.7％にとどまっており（文部科学省，2017b），学習者用コンピュータが多く導入される今後を想定した教員研修が大きな課題となっている。また，ICT 整備のみならず教員の ICT 活用指導力についても地域間で大きな格差が見られ，これも大きな課題である。

　教員の ICT 活用指導力の向上については，校内における OJT 体制の必要性も指摘されている。中尾ら（2014）では，日常的に実物投影機とコンピュータが活用されている小学校における ICT 活用に関する教員間コミュニケーションを「コミュニケーション・フロー」として可視化したところ，矢印が集中する2人の教員の存在が明らかになったとしている。この2人の教員が当該校における ICT 活用の中核的存在であり，彼らが周囲の教員に広く働きかけていることで ICT 活用が普及している様子が確認されている。

　なお，「教員の ICT 活用指導力のチェックリスト」が公表された2007年度は，まだ普通教室への ICT 整備は十分ではなく，指導者用デジタル教科書も十分には普及していなかった。今後想定されている学習者用コンピュータの導入，プログラミング教育や情報セキュリティ教育の重点化などに対応したチェックリストの見直しが検討される段階となっている。

第10章　教授・学習を成立させる教材・教具

## 2　メディア教材の活用

### （1）教材とは何か

　教材とは，教育の歴史が教科書中心に進められた歴史であったことから教科書のみを連想しやすい。しかし，戦後は教材に対する視野や選択範囲が広がった。したがって，教育活動において，一定の目的を達成するための何らかのメディア（教育メディア）を必要とし，その教育の目的に従って選択された教育の内容が教材である。そして，何が教材となるかは，授業の目的によって変わってくる。

　教育メディアと一般メディアとの違いは，メディアという機能面からは基本的に同じである。たとえば，デジタルテレビは映像や放送番組を視聴するものであるが，教育メディアになると，教師は授業の目的に沿った映像や放送番組を児童生徒に視聴させることとなる。つまり，教育メディアは教師が授業の目標を達成するために必要であるコンテンツを意図して活用するものである。

　教育メディアは，社会の時代背景として，教育理念や教育観，学習観などに基づいて学校に整備されてきた。1980年代までは工業化社会の学習観から，テレビや VHR，OHP など一斉集団の指導を効率化するための教育メディアが導入される。1990年代からは情報化，国際化の流れを受けて，コンピュータやインターネット等のネットワークを基盤とする教育メディアが導入されていく。さらに，2000年代からは，高度情報社会，知識基盤社会に必要な情報活用能力や21世紀型スキルのような学習観により，インターネットの利用，電子黒板，児童生徒用のタブレット端末などの導入が進んでいく（近藤，2015，29頁）。一方で，一斉集団の指導は，これまで通り行われており，1980年代まで学校に整備されていた OHP は，現在では実物投影機に変わるなどして，その機能やデザインが効率化するとともに，教師が授業の中で効果的に活用しやすいように設計されるようになってきている。

175

## （2）マルチメディア教材

　マルチメディア教材とは，テキスト，音声，静止画，動画などの多様な表現形式（＝マルチメディア）の情報を統合した形式を取る教材を指す。この定義に従えば，インターネット上で目にするアニメーションとテキスト，そしてナレーションが組み合わされた教材などもマルチメディア教材である（西森，2010，25頁）。マルチメディアは，従来の教育メディアの特性を吸収，統合するものであり，学習者の主体的な学習を可能にする等の特性をもつものとして期待される。

　視聴覚教育では，学習者のより直感的で感覚的な理解を促すメディアとして，黒板や印刷物などに加えて，スライドやOHP，ラジオやテレビ，オーディオカセットとCD，ビデオなどのメディア活用が推進されてきた。個々の教育メディアの活用が展開されるようになると，次第に多様なメディアを組み合わせた「メディア・ミックス」が求められるようになってきた。

　たとえば，教師が算数の授業の中で，基本的な考え方や公式，練習問題を示したプリントを配布し，具体物を提示したり操作させたりして学習内容を身近な事象として実感させた上で練習問題に取り組ませ，授業のまとめとして放送番組を活用して児童の理解を促進させる，といった多様なメディアの表現形式で多次元に児童の感覚を刺激すること，あるいは，複数の教育メディア間のメッセージの関係性や差に気付かせることによって教育効果を期待する。

## （3）デジタル教科書

　デジタル教科書は，コンピュータやネットワーク，アプリケーションソフトウエアなどのICTを使って実現される検定教科書と同じ内容のデジタル教材のことである。厳密には，教科書検定を受けていないので教科書ではなく通称である。文部科学省（2017d）「デジタル教科書の位置付けに関する検討会議」では，図10-2に示すようにデジタル教科書の学習内容は紙の教科書と同一であることから，改めて検定を経る必要はないとすることが適当とし，紙の教科書との同一性については，発行者の責任において確保されるべきであり，当面

第10章 教授・学習を成立させる教材・教具

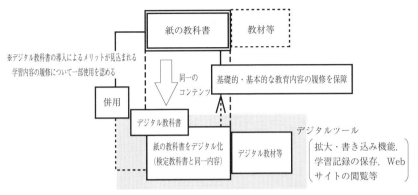

図10-2 デジタル教科書のイメージ
出典：文部科学省（2017d）。

は，デジタル教科書の制作者は紙の教科書を制作する発行者のみとすることが適当，と最終まとめで示している。

　デジタル教科書には，教師が提示のために活用する教師用デジタル教科書と，児童がタブレット端末等で教科書を閲覧したり，直接書き込んだり，解答に答えたりするために活用する児童生徒用デジタル教科書がある。

　デジタル教科書は，紙面をクリックするとその箇所（文字や写真など）が大きく拡大されたり，文章を音声で読み上げたり，関連する動画やインターネット上のリンクを示せるように設計されている。こういった機能によって，紙の教科書に比べ，情報量がリッチになっている。たとえば，理科の実験器具の使い方をクリックすると，その説明が動画で再生され，そのことで紙の教科書よりも，よりわかりやすく理解ができるという期待がされる。また，ペンツールなどで算数の問題に答え，即時に解答を得られることから，個に応じた指導も期待される。

## 3　教育課題に対応したメディア活用の実践

### （1）ICT の基本的な操作の習得

① 新学習指導要領による位置付けとキータイピングの技能を支えるシステム

　　新学習指導要領においては，情報活用能力が資質・能力を育成するための学習の基盤となる能力であることが位置付けられている。したがって，情報活用能力を育成するためには，児童・生徒が ICT の基本的な操作を習得していく必要がある。

> (3)　第2の2の（1）に示す情報活用能力の育成を図るため，各学校において，コンピュータや情報通信ネットワークなどの情報手段を活用するために必要な環境を整え，これらを適切に活用した学習活動の充実を図ること。また，各種の統計資料や新聞，視聴覚教材や教育機器などの教材・教具の適切な活用を図ること。あわせて，各教科等の特質に応じて，次の学習活動を計画的に実施すること。
> ア　児童がコンピュータで文字を入力するなどの学習の基盤として必要となる情報手段の基本的な操作を習得するための学習活動
> イ　児童がプログラミングを体験しながら，コンピュータに意図した処理を行わせるために必要な論理的思考力を身に付けるための学習活動
> 　　　　　　　　　　　　　（小学校学習指導要領第1章第3の1（3））

　　新学習指導要領には上記のように，児童がコンピュータで文字を入力するなどの学習の基盤として必要な情報手段の基本的な操作を習得するための学習活動を実施することが位置付けられている。コンピュータで文字を入力するなどの学習活動については，平成20年公示学習指導要領においても記述されているが，文部科学省が実施した情報活用能力調査（2015）では，小学生の1分間当たりのキータイピングのスピードは約5.9文字であった。こういった現状では，情報活用能力を育成する上で児童のコンピュータの活用は授業を進める上では弊害となるため，児童のキータイピングの技能を身に付けることは，学習の基盤となる情報活用能力を育成する上では重要であるといえる。

第10章　教授・学習を成立させる教材・教具

図10-3　キーボー島アドベンチャーの画面

　しかし，こういったコンピュータの技能を教科等の授業に位置付けて実施することは，授業時数上，困難なことが多い。また，キータイピングなどの技能は，1時間練習すればすぐに習得できるものでもない。こういった現状の中でキータイピングを身に付けさせるためには，たとえば休み時間などの隙間の時間や，家庭での学習によって練習させることも効果的である。また，教師は児童のタイピングスキルの状況を一つ一つ確認することも，授業を計画する上では重要な要素である。このような状況の中では，コンピュータにインストールされたキータイピングアプリケーションではなく，クラウドで児童の情報を管理し，児童が学校でも家庭でもIDとパスワードでログインして練習できるクラウドベースのアプリケーションが有効となる。たとえば，スズキ教育ソフトの「キーボー島アドベンチャー（http://kb-kentei.net/）」（図10-3）は，こういった機能を搭載しており，年間約20万人の小学生が登録して，キータイピングの練習がなされている。ロールプレイの手法で，対戦相手となる動物とキータイピングの速度や正確さで競い合い，徐々にキータイピングの難易度が上がっていく設定である。また，都道府県名を早打ちするゲームや，その全国ランキングが表示されるようになっており，児童が興味関心をもってキータイピングができるように設計されている。

179

② キータイピングを活用した授業実践

　では，キータイピングができるようになった児童は，その力をどのように活用しているのだろうか。たとえば，東京都杉並区立高井戸東小学校（文部科学省，2017）では，平成28年度の9月に児童用タブレット端末が導入され，高学年1人1台の体制で，授業で活用されている。そして，導入直後からキーボー島アドベンチャーによるキータイピングの練習がされてきた。12月には，国語科の意見文をタブレット端末で作成する授業が行われている。この段階で，児童は10分間に400字から600字程度の意見文を書いている。1分間に約40字から60字程度である。こうした学習はこれまで原稿用紙で書くことがほとんどであった。しかし，タブレット端末で行うことで，45分の中で原稿を書く，友達から意見をもらって修正する，意見を発表してさらに修正を加える，など，文章を校正する時間を作り出すことができるようになっている。こういった授業実践は，国語科の資質・能力を高めるために必要な情報活用能力であると捉えられる。

　新学習指導要領では，情報活用能力が学習の基盤となり，各教科等で資質・能力を育む。そのためには，児童生徒の ICT の基本的な操作の習得は，読み書きと同様に重要な知識・技能だと捉えるべきである。

（2）思考ツールの活用
① 思考ツールが実現する深い学び

　新学習指導要領では，3つの資質・能力を育成するためには，「主体的・対話的で深い学び」の実現が必要とされる。また，こうした力を育んでいくための学習過程が重要であり，①課題の設定→②情報の収集→③整理・分析→④まとめ・表現の探究の過程の中で深い学びを実現していく。それぞれの過程の充実が求められると同時に，そこでの資質・能力を活用したり，発揮したりさせることが必要である（田村・黒上，2017，9頁）。活用され，発揮されるためには，「比較する，分類する，関連づける，多面的に考える，統合する，構造化する」などの思考スキルを意識した学習活動を展開が有効である。思考スキルの繰り

第10章 教授・学習を成立させる教材・教具

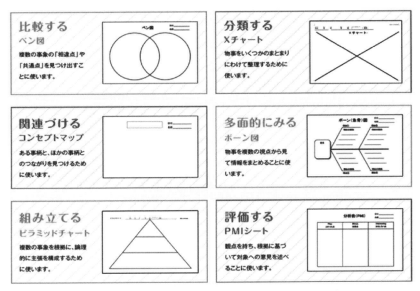

図10-4 関西大学初等部「ミューズ学習」で活用されている思考ツール

返しにより，個別の知識が概念的で構造化された知識になり，どのような状況や場面でも思考スキル使いこなせ，発揮する汎用性の高いものとなっていく。思考スキルを身につけさせるための教材が思考ツールである。

② 思考ツールの種類と活用

たとえば関西大学初等部では，思考スキルを体系的に学ぶ「ミューズ学習」が実践されている。このミューズ学習の中核を担うのが思考ツールの活用である。ミューズ学習では，数多くある思考ツールの中でも「ベン図」「X チャート」「コンセプトマップ」「ボーン図」「ピラミッドチャート」「PMI シート」の6つを使用し，それぞれ比較する，分類する，関連づける，多面的にみる，組み立てる，評価することを思考するために活用されている（図10-4）。また，田村・黒上（2017）は思考ツールを活用するステップとして，① 一人ひとりがアイディアを出す→② グループで，アイディアを共有して増やす→③ アイディアを混ぜる（選ぶ，組み合わせる，抽象化する）→④ 一人ひとりが，「考え」をつくる，の4段階を示している。こうしたステップの中で主体性と対話性の

181

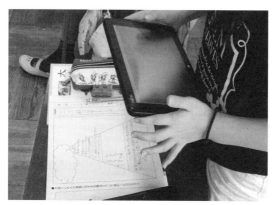

図 10-5　思考ツールの活用例

ある授業デザインを取り入れ，深い学びに導いていきたい。

　近年ではタブレット端末の整備により，タブレット端末と思考ツールを組み合わせた授業展開もある。図 10-5 は，東京都杉並区立高井戸東小学校の瀧島二葉主任教諭と堀友泰孝主任教諭が小学校 5 年生の国語「大造じいさんとガン」でピラミッドチャートとロイロノートスクールを組み合わせて活用した事例である。ピラミッドチャートを用いて大造じいさんの心情を場面ごとに整理し，その思考ツールを撮影して授業支援ソフト「ロイロノートスクール」で共有し，議論する，という展開であった。この事例ではアナログとデジタルを組み合わせているが，最近ではコンピュータ上で思考ツールを作成できるようになっている。

## （3）情報モラル教材の活用

　インターネットやソーシャルメディア，スマートフォンの普及により，児童生徒の事件やいじめ，犯罪は年々増え続けている。こういった教育課題に対応するのが情報モラル教育である。新学習指導要領では，情報活用能力（情報モラルを含む）が学習の基盤となる能力となることと，特別の教科道徳においても現代的な課題に対する指導の一つとして位置付けられている。

　情報モラル教材には，動画教材等がある。動画の場合，時間は短くて 2 分，

第10章 教授・学習を成立させる教材・教具

図10-6 著作権を理解する動画
(「事例で学ぶ Net モラル」より)

長くて5分程度から10分程度のものが多く，45分の授業でも，モジュールなどの時間でも授業ができるよう設計されている。実際に起きた事件などの事例がドラマ形式で描かれ，何が失敗だったのか，どんな行動が間違いだったのか，などを児童生徒が考えて学習できるよう工夫がなされている。また，インターネットを活用した調べ学習や探究的な学習へ対応した教材もある（図10-6）。特別の教科道徳で活用するための読み物教材もある。

　情報モラル教育は，教科の枠を超えた領域であり，これまで学ぶ機会や環境がなかった教師も多い。そのため，たとえば広島県教科用図書販売株式会社の「事例で学ぶ Net モラル」では，動画教材の他，教師用ガイドとして，指導書や学習指導案，マルチメディア教材と同時に提示するためのキーシーン掛図や使い方ガイド，テストなども同時に提供している。また，情報モラルに関わる事件等は，学校外で起きることが多く，学校側から保護者への働きかけが欠かせないため，保護者会や PTA 懇談会等で活用するための資料も同封されている。教師は，児童生徒や家庭の実態に応じて，日頃の学級経営や授業の中で繰り返し実践し，意識させていくことが求められる。

（4）メディア・リテラシー教材の活用

　日本のメディア・リテラシー教育は，1994年に起きた松本サリン事件の冤罪

図10-7 スパゲッティを摘む女性
出典：BBC（1957）．

報道をきっかけに発展した。当時は，マスメディアからの情報を批判的に捉える，といった学習が多かったが，インターネットの発展により，現在ではメディアを活用した情報の発信に関する責任やコミュニケーションの方法も学習の範囲とされることが多い。

　メディア・リテラシー教育の先進国であるカナダでは1990年代から，メディア・リテラシーに関する学習が，英語（国語）で実践されている。カナダで活用されているメディア・リテラシー教材の一つにスキャニング・テレビジョンがある（鈴木，2003）。この教材パッケージは，「メディアが構成された現実」「イメージと価値観の販売」「環境化するメディア」「地球市民」「ニューテクノロジー」というテーマで18の映像教材が提供されている。たとえば，その一つに「スパゲッティの木」がある（図10-7）。イギリスの BBC テレビが1957年4月1日のエイプリルフールに放映したもので，スイスとイタリアの国境では，スパゲッティを木から栽培して収穫している，という内容の架空のドキュメンタリー番組（モキュメンタリー）である。児童が教材を視聴すると，映像通りに信じ込む児童，スパゲッティは小麦粉から作られていることを主張する児童，何が本当なのかがわからなくなって混乱する児童，スイスではそうしているという児童に分かれることが多い。そこで議論となり，どうして本当のように感

第10章　教授・学習を成立させる教材・教具

じてしまったのかについてメディア分析を通して，メディアに対する批判的思考を育成するという授業が展開できる。

また，NHK 学校放送番組では，「体験メディアの ABC」（2001年～2004年放送），2011年放送の「メディアのめ」（2012年～），2017年放送の「メディア・タイムズ」（2017年～）など，継続してメディア・リテラシー教材を製作している。また，学校放送番組は，放送後に NHK for School でストリーミング配信され，教室にインターネット環境があればいつでも動画視聴して，授業ができるようになっている。

## （5）プログラミング教材の活用

新学習指導要領で注目されている内容として小学校の「プログラミング」があげられる。学習指導要領に書かれている指導内容は，次の通りである。

---

- 児童がプログラミングを体験しながら，コンピュータに意図した処理を行わせるために必要な論理的思考力を身につける学習活動を行う
- 算数では，正確な繰り返し作業によって正多角形が描け，一部を変えて多様な正多角形をつくること
- 理科では，電気の性質や働きを利用した道具が与えた条件に投じて動作していることや，条件を変えたときの動作の変化について考えること

---

プログラミング教材は，たとえばマサチューセッツ工科大学メディアラボが開発したビジュアルプログラミング言語「Scratch」が代表的であり，無料で提供されており，日本語にも対応している。Scratch を活用してプログラミングをすると図10-8のようになる。忍者が歩くと図10-9のように正五角形を描く。これは，小学校5年生がプログラミングしたものであるが，こういったビジュアルプログラミングであれば，教師も児童も十分に理解が可能である。一方で，プログラミングを体験したことがない教師にとってはハードルが高い学習内容であることは否めない。プログラミング教育に関しては，学校と地域，外部団体との連携も視野に入れてカリキュラムを作成していく必要がある。

図10-8 Scratchによる正多角形を描く　　図10-9 忍者が歩きながら正五角形を描く
　　　　プログラム　　　　　　　　　　　　　　　プログラム

**参考文献**

関西大学初等部　http://www.kansai-u.ac.jp/elementary/index.html
キーボー島アドベンチャー　http://kb-kentei.net/
近藤勲・黒上晴夫・堀田龍也・野中陽一（2015）『教育工学選書7　教育メディアの開発と活用』ミネルヴァ書房。
坂元昂（1973）『教育工学の原理と方法』明治図書出版。
鈴木みどり（2003）「スキャニング・テレビジョン日本版」イメージサイエンス制作。
田村学・黒上晴夫（2017）『「深い学び」で生かす思考ツール』小学館。
中尾教子・三輪眞木子・青木久美子・堀田龍也（2014）「ICT活用に関する教員間コミュニケーションの分析」『日本教育工学会論文誌』38（1）：49-60。
堀田龍也・高橋純・山田愛弥・八木澤圭（2013）「小学校教員が実感している実物投影機の活用効果に関する分析」『日本教育工学会論文誌』36（Suppl.）：153-156。
文部科学省（2007）「教員のICT活用指導力の基準の具体化・明確化──全ての教員のICT活用指導力の向上のために」
　http://www.mext.go.jp/b_menu/shingi/chousa/shotou/039/toushin/07042507/001.pdf
文部科学省（2017a）「学校におけるICT環境整備の在り方に関する有識者会議　最終まとめ」
　http://www.mext.go.jp/b_menu/shingi/chousa/shougai/037/toushin/1388879.htm

第10章　教授・学習を成立させる教材・教具

http://www.mext.go.jp/b_menu/shingi/chousa/shougai/037/gijiroku/1383572.htm

文部科学省（2017b）「平成28年度学校における教育の情報化の実態等に関する調査
　　結果」

http://www.mext.go.jp/a_menu/shotou/zyouhou/detail/1395145.htm

文部科学省（2017c）「学校における ICT 環境整備の在り方に関する有識者会議（第
　　4回）議事録」

http://www.mext.go.jp/b_menu/shingi/chousa/shougai/037/gijiroku/1383572.htm

文部科学省（2017d）「「デジタル教科書」の位置付けに関する検討会議　最終まと
　　め」

http://www.mext.go.jp/component/b_menu/shingi/toushin/__icsFiles/afieldfile/
2017/01/27/1380531_002.pdf

ロイロノートスクール　https://n.loilo.tv/ja/

山内祐平（2010）『デジタル教材の教育学』東京大学出版会。

若山皓一郎（1988）「教授メディアとその制作・選択・利用」『授業技術講座　基礎技
　　術編　教師の実践的能力と授業技術』ぎょうせい。

渡邉光浩・高橋純・堀田龍也（2009）「算数科の一斉授業における ICT 活用による指
　　導の効率化」『日本教育工学会論文誌』33（Suppl.）：149-152。

---

**学習の課題**

⑴　教師が授業で効果的に ICT を活用するために必要とされるスキルをあげてみ
　　よう。あげられたスキルのうち，従来から必要とされていたスキルと，時代に合
　　わせて求められるようになったスキルに分けてみよう。

⑵　児童生徒による ICT の操作スキル，情報モラル，プログラミング等，新しく
　　求められるようになった能力について，教師が指導する際の課題は何だろうか。
　　その課題を克服するには，どのような教師支援が求められるだろうか。

---

【さらに学びたい人のための図書】

近藤勲・黒上晴夫・堀田龍也・野中陽一（2015）『教育工学選書7　教育メディアの
　　開発と活用』ミネルヴァ書房。

春日井教育委員会・春日井市立出川小学校（2015）『学習規律の徹底と ICT 有効活
　　用』教育同人社。

田村学・黒上晴夫（2017）『「深い学び」で生かす思考ツール』小学館。

堀田龍也・西田光昭編著（2018）『だれもが実践できる ネットモラル・セキュリ
　　ティ』三省堂。

黒上晴夫・堀田龍也（2017）『プログラミング教育導入の前に知っておきたい思考の

アイディア』小学館。

山内祐平（2010）『デジタル教材の教育学』東京大学出版会。

（堀田龍也・佐藤和紀）

第11章 # ICT を活用した授業づくり

### この章で学ぶこと

　第1節では，ICT 活用に関連するような新学習指導要領の表記，考え方，ICT の環境整備の必要性について述べていく。第2節では，近年取り組まれている ICT を活用した種々の教育実践について紹介する。具体的には，2020年度より必修化される小学校プログラミング教育，校内 LAN に依存しないセルラーモデルのタブレット端末を利用した教育実践，教育番組(NHK for School) をタブレット端末で視聴する教育実践である。そして第3節では，授業での ICT 活用の課題と展望として，教員研修やコミュニティ構築の現状，児童生徒のスキル向上の必要性，クラウド活用への展望について述べていく。

## 1　新学習指導要領と教育の情報化

### （1）情報活用能力と児童生徒自ら考えること

　中央教育審議会では，「社会に開かれた教育課程の実現」として，「何ができるようになるか」だけではなく，「どのように学ぶか」に関して「主体的・対話的で深い学びの視点からの学習過程の改善」を示した。それを受けて，2017年3月公示の小学校学習指導要領 第1章総則 第3 教育課程の実施と学習評価 1 主体的・対話的で深い学びの実現に向けた授業改善では，「(略) 特に，各教科等において身に付けた知識及び技能を活用したり，思考力，判断力，表現力等や学びに向かう力，人間性等を発揮させたりして，学習の対象となる物事を捉え思考することにより，各教科等の特質に応じた物事を捉える視点や考え方(以下「見方・考え方」という。) が鍛えられていくことに留意し，児童が各教科等の特質に応じた見方・考え方を働かせながら，知識を相互に関連付けて

189

より深く理解したり，情報を精査して考えを形成したり，問題を見いだして解決策を考えたり，思いや考えを基に創造したりすることに向かう学習の過程を重視した学習の充実を図ること。」としている。

この流れにおいて，「情報活用能力」と「児童生徒自ら考えること」が特に重視されたと思われる。たとえば，先の中央教育審議会（2016）答申「第1部　学習指導要領等改訂の基本的な方向性　第5章　何ができるようになるか─育成を目指す資質・能力─4. 教科等を越えた全ての学習の基盤として育まれ活用される力」では，情報活用能力とは，「世の中の様々な事象を情報とその結び付きとして捉えて把握し，情報及び情報技術を適切かつ効果的に活用して，問題を発見・解決したり自分の考えを形成したりしていくために必要な資質・能力」としている。まさに先の「主体的・対話的で深い学びの実現に向けた授業改善」と密接な関係にあるといえる。

また，「児童生徒自ら考えること」に関しては，たとえば，新小学校学習指導要領「第1章総則　第3　教育課程の実施と学習評価　1　主体的・対話的で深い学びの実現に向けた授業改善」において，

- 「数学的な見方・考え方を働かせながら，日常の事象を数理的に捉え，数学の問題を見いだし，問題を自立的，協働的に解決し，学習の過程を振り返り，概念を形成するなどの学習の充実を図ること」（算数科）
- 「生活の営みに係る見方・考え方を働かせ，知識を生活体験等と関連付けてより深く理解するとともに，日常生活の中から問題を見いだして様々な解決方法を考え，他者と意見交流し，実践を評価・改善して，新たな課題を見いだす過程を重視した学習の充実を図ること」（家庭科）
- 「体育や保健の見方・考え方を働かせ，運動や健康についての自己の課題を見付け，その解決のための活動を選んだり工夫したりする活動の充実を図ること」（体育科）

としている（下線，筆者）。

このように，今後，どのように児童生徒自ら問題を見出し，自立的，協働的に解決し，実践を評価・改善して，新たな課題を見出すことができるような授

業設計，学級経営をしていくかが，教師に問われている。

### （2）「からみ」と「ゆらぎ」が生まれること

　生きて働く知識の獲得には，今までの知識を自覚的に修正することに児童生徒が「追い込まれる」ことが重要だ。授業において，単に表面的に話し合い活動をするだけでは，主体的・対話的で深い学びの過程の実現には至らない。話の論点が定まらなかったり，そもそも目的がわからずに話し合いをさせられていたりといったことも目にする事が少なくない。これらの目的をもって，論点を明確にして，話し合いを深めていくようなコミュニケーションの深まりを筆者は「からみ」（絡み）とよんでいる。また，児童生徒が自分の考えをゆさぶられることを「ゆらぎ」（揺らぎ）とよんでいる。

　授業においては，どのような「からみ」の場面を設定できるか，想定できるかが勝負となる。そのためには，まず，児童生徒同士が知恵を出し合い乗り越えなくてはならない学習問題・課題の吟味が重要になる。必然性・切実感のある問題・課題であるかどうかを検討せずして，児童生徒にとって実のある議論の場にはならない。論点としてどのようなことが出てくるのか，それを児童生徒が身近な問題としてどのように引き取ることができるのか，そのような事前の検討は必須だ。

　また，児童生徒一人ひとりが，考えを深め，ねりあげる場の保証も必要になる。すぐに話し合いの場にしてしまうと，一見，活発に見えても，議論が深まっていなかったり，グループの中で発言できない子が出てきたりしてしまう。それは，個人ベースでの考えの醸成が十分にできていないから起こることだ。一人ひとりに寄り添うことで，個々がどのような思いやこだわり，迷いをもっているかを把握することもできる。

　もう1つが「ゆらぎ」（揺らぎ）だ。授業の中で，どのように児童生徒個々の思考の「ゆらぎ」を自覚させ，迫ることができるかが課題となる。淡々と何の疑問もなく作業が進む場面には，「ゆらぎ」も起こらず，「からみ」のある話し合いにはならない。たとえば，友だちとの意見の相違や，伝えたことが伝わっ

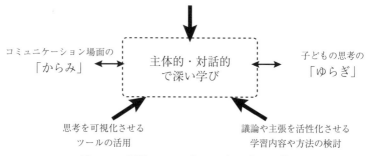

図11-1 授業における「からみ」と「ゆらぎ」

ていないという「ずれ」から「どうしてだろう？」という「ゆらぎ」が起こることがある。この場合，「ずれ」をどのように児童生徒に自覚させられるか，が重要だ。なかなか「ずれ」を「ずれ」として自覚できないことは多い。他人の考えを自分の中に取りこむということでは，現実―本音や理想―建前の間のゆらぎも考えられる。「資源を大切にしよう」というようなスローガンだけでは，伝える対象（相手）が動かないことがある。相手の本音に耳をかたむけ，ゆさぶられながら，「ではどうするか」を再度考えることが重要となる。

「ゆらぎ」が生まれるためには，これまでの知識を自覚的に再修正することに迫られる。筆者の恩師は，知識の獲得について，以下のように述べている。

> わたしは，学ぶということは，経験の自己否定だと考えている。知識でいえば，それまでもっている知識が，新しい知識を学ぶことによって否定されているということである。自己否定はもちろん自覚的過程でなければ成立するはずがない。したがって教師が手とり足とりで完全をよそおった知識を教えていてもそれだけでは学ぶことにならないのである。つまり先にあげたような動きのある構造として知識を，子どもが獲得するためには，どうしても既習の知識を自分で修正する経験が必要なのである。(山田，1979，33頁)

第11章　ICT を活用した授業づくり

　このように，「ゆらぎ」のない授業では「からみ」の場面は生まれないし，
「からみ」のない授業では児童生徒の「ゆらぎ」は起こらない。

　さらに，「からみ」と「ゆらぎ」が起こるためには，児童生徒の状況を把握
した教師の「出」が必要である（図11-1）。同時に，議論や主張を活性化させ
るような学習内容や方法の検討，あるいは，思考を可視化させるようなツール
の活用が機能する場合が少なくない。そしてこのツールの活用の１つとして有
効なのが ICT だ。

### （3）ICT 環境整備の必要性

　中央教育審議会（2016年12月）「幼稚園，小学校，中学校，高等学校及び特別
支援学校の学習指導要領等の改善及び必要な方策等について（答申）」の「第
10章　実施するために何が必要か―学習指導要領等の理念を実現するために必
要な方策―」によると，ICT の環境整備の必要性について，「現在では，社会
生活の中で ICT を日常的に活用することが当たり前の世の中となっており，
子供たちが社会で生きていくために必要な資質・能力を育むためには，学校の
生活や学習においても日常的に ICT を活用できる環境を整備していくこと，
各自治体における環境整備の実態を把握・公表していくことが不可欠である。」
としている。

　これを受けて，2017年３月公示の小学校学習指導要領では，第２　教育課程
の編成　２　教科等横断的な視点に立った資質・能力の育成（１）で，

> 各学校においては，児童の発達の段階を考慮し，言語能力，情報活用能力（情報
> モラルを含む。），問題発見・解決能力等の学習の基盤となる資質・能力を育成し
> ていくことができるよう，各教科等の特質を生かし，教科等横断的な視点から教
> 育課程の編成を図るものとする。

としている。さらに，第３　教育課程の実施と学習評価（２）及び（３）では，第
２の２の（１）に示す言語能力の育成を図るために，

> 各学校において必要な言語環境を整えるとともに，国語科を要としつつ各教科等

193

の特質に応じて，児童の言語活動を充実すること。あわせて，（7）に示すとおり
読書活動を充実すること。」「各学校において，コンピュータや情報通信ネット
ワークなどの情報手段を活用するために必要な環境を整え，これらを適切に活用
した学習活動の充実を図ること。また，各種の統計資料や新聞，視聴覚教材や教
育機器などの教材・教具の適切な活用を図ること。あわせて，各教科等の特質に
応じて，次の学習活動を計画的に実施すること。

　　ア　児童がコンピュータで文字を入力するなどの学習の基盤として必要となる
　　　情報手段の基本的な操作を習得するための学習活動
　　イ　児童がプログラミングを体験しながら，コンピュータに意図した処理を行
　　　わせるために必要な論理的思考力を身に付けるための学習活動

としている。

　各教科・領域にも，コンピュータ情報通信ネットワークを積極的に活用する
機会を設けることや，情報や情報手段を主体的に選択し活用できるよう配慮す
ることなどに触れられている。

　第2節では，ICT 環境を活かした様々な教育実践の試みを紹介していく。

## 2　ICT を活用した授業づくりの様々な試み

### （1）小学校プログラミング教育

　2020年度より全面実施される小学校学習指導要領のキーワードの1つは，プ
ログラミング教育だといえる。小学校段階からのプログラミング教育が必修化
されることになり，全国の小学校で多くの教育実践が開発されることが期待さ
れている。小学校プログラミング教育のねらいについて，「（前略）プログラミ
ング言語を覚えたり，プログラミングの技能を習得したりといったことではな
く，論理的思考力を育むとともに，プログラムの働きやよさ，情報社会がコン
ピュータをはじめとする情報技術によって支えられていることなどに気付き，
身近な問題の解決に主体的に取り組む態度やコンピュータ等を上手に活用して
よりよい社会を築いていこうとする態度などを育むこと，さらに，教科等で学
ぶ知識及び技能等をより確実に身に付けさせることにある。」（文部科学省，

第11章　ICT を活用した授業づくり

2017）と示されているように，プログラミングに関する技能習得ではなく，論理的思考を始めとした幅広い能力の獲得及び態度の育成がねらいとされ，これらを意識した教育実践が各地で行われ始めた。

兵庫県淡路市では，プログラミング教材「レゴ WeDo 2.0」を利用した授業が試験的に行われている。淡路市立大町小学校の増子知美教諭は，4年生の総合的な学習の時間において，「レゴでプログラミングにチャレンジしよう！」という題目で意図した通りに組み立てた車を動かすといったプログラミングの授業に取り組んでいた。前時には，「ブロックやモーターなどの仕組みを理解し組み立てること」，「前に進む，センサーを感知するとスタート及びストップする等の基本的な動作のプログラムを作り，手作り専用コースを走らせること」の2つを目標に取り組んできた。そして本時では，前時のプログラムではゴールすることができないように，事前に改良を加えたコースを利用して授業が進められた。なお，プログラミングに取り組む際には，対話が生まれ，最善のアイデアを出して取り組めるようにペアで1台の教材を使用している。

導入場面において，児童は前回のプログラムでコースを試走させるが，凹凸のある路面にセンサーが反応してすぐに停止してしまうことを経験する。担任が「なぜだろうか」と問いかけることもなく，すぐに試行錯誤が始まっていた（図11-2）。

「わかった！センサーの場所を上に変えれば」「モーターのパワーを上げて一気に走るようにすれば」といったやりとりが行われ，廊下に設置された専用コースと座席の間を何往復もして，考えたプログラムを試行する姿が多く見られた。また，ペアを超えて他のペアとの対話も生じていた。最終的には全ての車が障害物を乗り越えて，ゴールすることができていた。

終末場面において，教師は学習が単なるプログラミングの体験に終わることを避けるために，ワークシートを用意し，プログラムの変更点とその結果，学習の感想等を書かせ発表させるなどの工夫を行っていた。

プログラミング教材を使用する教育実践の一方で，教科学習にプログラミングの考え方（プログラミング的思考）を生かすという考えのもと，コンピュータ

図11-2 失敗をもとにすぐに改善を図ろうとしている

を使わないプログラミング教育の実践も開発され始めている。この教育実践の背景には，コンピュータから一旦離れることで，プログラミングの考え方がより理解しやすくなるという，コンピュータサイエンスアンプラグドの考え方を参考にした仮説が立てられている。

　6年生理科「水溶液の性質」の授業においては，従来からリトマス紙を用いて，酸性・中性・アルカリ性といった水溶液の性質を見極める実験が行われ，実験方法や結果の理解が求められてきた。古河市立駒込小学校の坂入優花教諭は，プログラミングにおける「分岐」の考え方を用いて授業を進めていた。導入場面で，教師はリトマス紙の性質の他に，以前に別の教科で学習した分岐の考え方を想起させ，本時に活用する考え方を確認した。そして各班での実験終了後には，結果をフローチャートにまとめる学習活動を採用していた。ここでは，班のメンバーが対話しながら，実験結果であるリトマス紙を横に置き教師が用意したフローチャートに実験手順と結果を書き入れていた。この学習活動によって，児童は本時の学習内容を再確認することにつながっていた。

　さらに，終末場面では黒板に掲示されたフローチャートを用いて，児童に発表させることで，学習内容の確実な定着を図ろうとしていた（図11-3）。

　「実験の過程や結果だけはなく，分岐の考え方を用いて結果に到達するため

第11章 ICTを活用した授業づくり

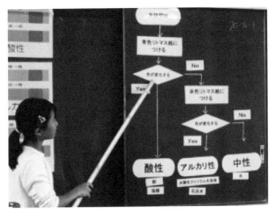

図11-3 フローチャートを用いて学習内容を説明している

の過程をわかりやすく示すことができたことから、すべての児童が自分の言葉で、実験内容について表現することができた」と坂入教諭は授業後に述べている。特に、学習が苦手な児童が発表できたことについて、分岐の考え方を用い、視覚化したことの効用を実感していた。

プログラミング教育は原則的にコンピュータ（タブレット端末を含む）を用いるべきであろう。しかし、現実問題として実施できる授業数は非常に限られている。したがって、2つめの事例で示したような、教科の目標達成のためにプログラミング的思考を生かすという授業の両方を実施し、両者をつなげていくことで、論理的思考力やその他の幅広い能力の獲得及び態度の育成が図られるのではないだろうか。

（2）セルラーモデルのタブレット端末を利用した教育実践

各学校にタブレット端末が急速に整備されつつある。2017（平成29）年3月の時点で、公立小学校、中学校、高等学校および特別支援学校には、37万3538台が整備され、過去3年の内に約5倍の伸びを示している（文部科学省、2017）。タブレット端末の整備状況に目を向けると、大阪府堺市のような教師1人に1台を想定した整備、多くの自治体で見られるような各校に数十台を限定的に整

備し，主にグループに1台を想定した整備，そして岡山県備前市，東京都荒川区，兵庫県淡路市のような児童生徒に1人1台を想定した整備の大きく分けて3つの整備状況が見られる。特に児童生徒1人1台のタブレット端末が整備された学校では，環境を活かした様々な取り組みが報告されている。また，セルラーモデル（携帯電話通信網を活用できる情報端末）の導入も各地で進んでいる（茨城県古河市，大阪府大阪市，東京都渋谷区等）。セルラーモデルは，学校や教育委員会がネットワークの管理を負担しなくても済むだけでなく，家庭などの学校外での活用に利点があると考えられている。中でも近年，注目を集めているのが，家庭にタブレット端末を持ち帰り，セルラーモデルの利点を生かしてネットワークを介して協働的に家庭学習を行うという取り組みである。

　東京都渋谷区立代々木山谷小学校の5年生は，渋谷区のモデル校として2016年にセルラーモデルのタブレット端末が整備され，利点を生かした多くの家庭学習に関する教育実践が行われている。たとえば，5年生理科「天気の変化」の学習では，雲の動きと天気についての学習後に，ウェブサイトの気象データをもとに，翌日の天気を予想するという家庭学習を6日間連続で行った。従来は，新聞記事を参考にすることや，教師が毎日必要な気象データを準備し児童に配布する方法が採用されていたそうであるが，新聞を購読する世帯の減少，教師の準備の煩雑さから学習を進めることが容易ではなかった。セルラーモデルのタブレット端末を利用することで，家庭におけるインターネット接続環境の差が無くなり，ウェブサイトの気象データを児童全員が確認できる。さらに，理科担当教員からは，家庭において児童同士が互いの予想を見合い，参考にしながら考えをまとめることが推奨されていた。使用したソフトウェアの閲覧履歴を確認することができる機能によると，ほぼすべての児童が友達の取り組みを閲覧していることが確認できた。理科担当教員は職場から，適宜コメントを入れ，学習内容を確認したり，児童の取り組みを価値づけたり，方向付けたりしていた。

　他の事例として，5年生では総合的な学習の時間に，米作りについて実体験を通して学習を進めていた。夏休み明けに栽培しているバケツ稲に害虫が寄っ

てきた際に，担任は「稲の害虫，今後の解決策」とソフトウェア上に書き込み，「家でやってみて」と何気なく指示をしたところ，対応策や解決策について，児童は家庭で調査し，調査結果をすぐに出し合って家庭にいながらにして，ソフトウェア上でやりとりが行われていた。このときの様子を担任は「どんどん矢印が発生していって，そのなんて言うんですか，たとえば調べたものをこうやって書きますよね，一人の子が。そうしたら，（中略）まあ，それに対する言葉が出てきて，だれだれさんによると，なになにっていうそうですっていうのを家で子どもたちがやってたんです。」と少し興奮気味に振り返っていた。総合的な学習の時間では，即時的には扱えなかった問題を，調査し家庭にいながら意欲的に意見交流する児童の姿が確認できた（図11-4）。

　ネットワークを介して協働的に取り組む家庭学習は，従来から行われてきたようなプリントやドリル型の内容とは異なり，どのような内容をどの程度取り組むかは，学習者の主体性にゆだねられている学習といえる。したがって，課題に対する動機付けが重要になると考えられる。本事例から，動機付けは，ある児童の書き込みによって周辺の児童に影響を及ぼす可能性を示唆している。他者と関わり合いながら協働的に学ぶことは，それ自体が学習の動機付けになるといわれている（杉江，2011）ことが，物理的に離れた場所にいるこの事例においても当てはまると考えられる。

### （3）NHK for School をタブレット端末で視聴する教育実践

　NHK for School では，学年・教科を問わず多くの番組，動画クリップ，コンテンツを，ウェブサイトを通じて利用することができる。これまでは教室や特別教室等の場所で，テレビに代表させる大型提示装置に番組や動画クリップを投影させ，児童全員で視聴する一斉視聴が主流であったが，タブレット端末や校内無線 LAN の整備により，児童生徒が学習の必要性に応じて個別に利用するといった教育実践が行われ始めている。また，番組と連動したアプリの開発も進められており，このアプリを活用した教育実践も見られるようになってきた（NHK for School×タブレット端末活用研究プロジェクト，2017）。

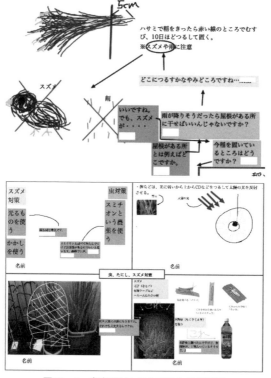

図11-4 家庭で行われたやりとりの様子

　金沢大学人間社会学域学校教育学類附属小学校（実践当時：金沢市立十一屋小学校）の福田晃教諭は，小学校3年生理科「こん虫を調べよう」の学習において，実物では把握しきれない部分を補い，確実な学習内容の理解につなげることを目指し「ものすごい図鑑」というウェブサイト上のコンテンツを利用している。このコンテンツは，任意の角度から高解像の昆虫の写真を見ることができる。また，関連するクリップ（短い動画）にリンクされており，児童は関連するクリップも含めて興味関心に応じて観察を行うことができる仕組みになっている。授業では，実物のモンシロチョウを用いて児童が観察を行った結果，足の本数や足の出ている部位について異なる観察結果になった。そこでこの2点を明らかにするため，グループごとに「ものすごい図鑑」をタブレット端末

第11章 ICTを活用した授業づくり

図11-5 ウェブコンテンツを用いて学習問題を明らかにしようとしている

で閲覧し，学習問題を確かめる活動を行っていた（図11-5）。

　福田教諭は児童に対し，実物のモンシロチョウを用いて得られた情報を再度確認するように促し，最終的に明らかになった部分について，スケッチを行う学習活動を行っていた。実物の観察によって生まれた学習問題を，コンテンツの利用と再度の観察を通して解決している点が優れた授業デザインといえよう。

　次に，鳥取県岩美町立岩美中学校の岩崎有朋教諭は，中学校2年生理科「ヒトの体のしくみ」の学習において，ジグソー法を取り入れて授業を行っていた。具体的には，ヒトの体のしくみの内容をA）消化吸収，B）気体交換，C）血液循環の3つに分け，グループ内でA〜Cの内容を一人ずつ分担し，各グループで同じ内容を担当する者同士が集まった専門家グループを形成して，専門家グループごとに学習を進めている。専門家グループでは，教科書や資料集等の文献資料をもとに調査した後に，教科書等で読み取った内容を補完する役割として「10minBOX」を視聴させている。タブレット端末を用いて，専門家グループで視聴することで，内容を確認し合いながら必要に応じて何度も繰り返し視聴する生徒の姿が見られた。元のグループに戻り，互いが学習してきたことを伝え合う場面においても，教科書等の資料と共に，映像資料を使って生徒たちは説明していた（図11-6）。

図 11 - 6　生徒の説明風景（心臓の大きさをについて握りこぶしを用いて説明している）

　この学習おいて「10minBOX」は，学習問題を解決するため資料の一つとして扱われている。岩崎教諭は今後の課題として，「ただ見せて，説明の補足として使うだけではなく，その映像のこの場面を選んだのは，このようなことをわかってほしかったからという，見せる側としてのねらいを意識した指導が必要だ」と述べ，映像資料を使用する際の意図を教員だけでなく，生徒も明確にもつことの重要性を指摘している。そのためには，何をどのように視聴させるのかといった授業デザインと共に，物理的な ICT 環境として生徒一人一人の必要性に応じて，繰り返し視聴できるタブレット端末の利用が有用であることは，本事例からも自明といえる。

## ３　授業での ICT 活用の課題と展望

### （１）教員研修やコミュニティ

　先の中央教育審議会（2016）「幼稚園，小学校，中学校，高等学校及び特別支援学校の学習指導要領の改善及び必要な方策等について（答申）」では，たとえば，「３．算数，数学（２）具体的な改善事項 ③学習・指導の改善充実や教育環境の充実等 ⅱ）教材や教育環境の充実」において，「（略）ICT は積極的な活用が求められる一方で，ICT を活用して得られた結果から新たな疑問や問いを発して考えを深めたり，ICT を効果的に活用して対話や議論を進め

第11章　ICT を活用した授業づくり

たりすることができなければ、算数・数学の面白さを味わうことも、「数学的な見方・考え方」を確かなものとすることも難しい。ICT の活用に当たってはこの点に留意することが重要である。」としている。算数に限らず、他教科・領域においても、授業づくりで重視すべきことは変わらない。その上で、ICT と非 ICT の組み合わせや選択を検討することになる。

　中央教育審議会（答申）の「第10章　実施するために何が必要か─学習指導要領等の理念を実現するために必要な方策─」では、ICT 環境を「学習指導要領等の実現に不可欠」とした上で、「（略）教育効果が高いだけでなく、教員にとって使いやすい機器や教材を、具体的かつ丁寧に学校現場に提供していくとともに、そうした機器や教材のよさを生かした授業を展開できるよう、ICT を用いた指導に関する教員研修の充実も求められる。」としている。つまり、授業での ICT 活用のイメージをもつために、単なる操作研修ではなく、授業場面を想定した教員研修が必要になる。

　さまざまな研修が全国各地の教育委員会・センターや学校で行われているが、個別の事例だけでなく、どこでも活用できる研修に関する素材やガイドブックなども公開されたり、コミュニティが形成されたりしている。

　文部科学省は2014年度に「学校教育─ICT を活用した教育の推進に資する実証事業」として、「1．ICT を活用した教育効果の検証方法の開発」「2．ICT の活用が最適な指導方法の開発」「3．教員の ICT 活用指導力向上方法の開発」を成果としてまとめている。特に、「3．教員の ICT 活用指導力向上方法の開発」では、校内研修リーダー養成のための研修手引きを公開している。たとえば、研修モジュールも含めているので、教員の実態や学校の ICT 環境に応じて選択して活用できるようになっている（表11 - 1）。

　同時に「2．ICT の活用が最適な指導方法の開発」では、ICT 活用ステップアップ映像集について、利用ガイドを公開しつつ、全国の都道府県・市区町村教育委員会を対象に映像収録 DVD を配付している。ここでは、好事例だけではなく、「陥りがちな ICT 活用授業例」も収録（図11 - 7）しており、全国の ICT 活用研修会で活用されている。

203

表 11-1　研修モジュール

| No. | モジュール名 | 育成したい能力 | 所要時間（目安） | ねらい | 主な内容 |
|---|---|---|---|---|---|
| ① | 推進普及マネジメント | 校内マネジメント力 | 20分 | • 他教員への働きかけや組織としてのマネジメントの手段<br>• 知識を知る | • 学校での普及に向けた取組ステップ<br>• 「学習の姿」についての演習 |
| ② | 研修計画策定／実施方法 | 校内マネジメント力 | 15分 | • 教員の実態に沿いながら段階的にステップアップするために必要な研修の設計・実施に関する知識を知る。 | • 推進に当たって見られる取組のステップ<br>• 年間計画の実例 |
| ③ | ICT活用デモ | ― | 5分 | • 研修の最初に，効果の一端を実感し，受講意欲を向上させる。 | • ICTを活用した授業の実例 |
| ④ | 教育情報文化論（教育の情報化の全体像） | ICT授業設計力<br>校内マネジメント力<br>ICT活用力<br>授業力 | 15分 | • 教育の情報化に関する基本的知識を知る。 | • 教育の情報化がめざすもの（3つの柱） |
| ⑤ | 教育情報化トレンド（最新動向） | ICT授業設計力<br>校内マネジメント力 | 15分 | • 広い視点でのICT活用の必要性を知る。 | • 最近のICTに関する国の事業の動き<br>• 教員のICT活用指導力の推移 |
| ⑥ | 先進・優良事例紹介 | ICT授業設計力<br>校内マネジメント力<br>ICT活用力<br>授業力 | 15分 | • 学習形態毎の先進事例の紹介方法を知る。 | • 事例を見る上でのポイント<br>• 事例 |
| ⑦ | 授業ICT活用ポイント | ICT授業設計力<br>校内マネジメント力<br>ICT活用力<br>授業力 | 15分 | • 機器と効果を結び付ける。<br>• ICTを使う場面／使わない場面があることを知る。 | • 目的に応じた授業中でのICTの活用<br>• 効果毎の実践例 |
| ⑧ | スキルアップに向けた心構え | ICT授業設計力<br>校内マネジメント力<br>ICT活用力 | 15分 | • ICT活用のスキルアップに向けて意欲を高める。 | • 現状の確認<br>• スキルアップに向けた視点 |
| ⑨ | ICT活用授業設計 | ICT授業設計力<br>校内マネジメント力<br>ICT活用力<br>授業力 | 10分 | • 授業設計における機器・教材選択のポイントを知る。<br>• 最小限の準備で日々活用するためのポイントを知る。 | • ICT活用授業設計に当たっての観点<br>• ICT活用授業設計に当たっての方法 |
| ⑩ | 授業設計ワークショップ | ICT授業設計力<br>校内マネジメント力<br>ICT活用力 | 60〜80分 | • 効果を実感し，イメージをつかみやすくする。<br>• 活用意図に合わせ，方法を吟味する。 | • ワークショップの実施項例<br>• ワークシート例 |

第11章 ICT を活用した授業づくり

図 11-7　陥りがちな ICT 活用授業のワンシーン

　陥りがちな ICT 活用映像は，「教師の活用」「子どもの活用」と「電子黒板の活用」「タブレット端末の活用」の2つずつの要素を掛け合わせ，合計4つの事例で構成されている（表11-2）。内容は以下のとおりである。
① 教師の活用×電子黒板の活用
　児童が画面に表示されたグラフの数字を書き込むが，あまりにも小さくて書ききれない場面である。ここでは，教室に整備された電子黒板をはじめとする大型提示装置は，特にテレビタイプでは約50インチが多く，教室の後ろから見たり細かい数字や文字を書き込むには小さい。そこで，一手間かけて画面を拡大するなどの工夫が必要であることを示唆している。
② 子どもの活用×電子黒板の活用
　児童がたくさんの情報をプレゼンシートに盛り込み，メモから目を離せないでプレゼンする様子を教師は褒めている場面である。ここでは，① プレゼン資料の作り方の指導が必要（文章をそのまま書かない，方法に偏らないなど），② わかりやすい発表の指導が必要（脱原稿をめざそう，など），③ 著作権の指導が必要（引用をきちんとする，など）を留意点として盛り込んでいる。
③ 教師の活用×タブレット端末の活用
　デジタルドリルシートを児童タブレット端末に配布したのだが，全てをタブレット端末画面でやろうとする教師。ここでは，全てをタブレット端末でやら

205

表11-2 陥りがちな ICT 活用授業のバリエーション

|  | 教師 | 子ども |
|---|---|---|
| 電子黒板 | ①小4・算数「がい数」大きく提示する拡大機能の活用 | ②小4・社会「わたしたちの県」示しながら話す資料作成と提示方法 |
| タブレット端末 | ③小5・理科「電流がうみ出す力」実験の様子を撮影する撮影の目的と撮り方 | ④小4・国語「ことわざについて調べよう」タブレットに書き込む紙との選択・組み合わせ |

ずに，紙のワークシートとタブレット端末での書き込みの選択や組み合わせが重要であることを指摘している。

④ 子どもの活用×タブレット端末の活用

　児童が理科の実験場面をタブレット端末で撮影しているが，撮影そのものが楽しくて，何をどのようにうつしたら良いか考えていない場面である。ここでは，撮影には，何の目的でその映像を活用するのかを理解させ，そのためにどのようにうつすのか検討することが重要であることを示している。

　すべての事例は，前半に陥りがちな ICT 活用の授業場面があり，後半にどこが陥りがちなのか，どう改善すれば良いのかを解説した映像が収録されている。学校で研修に使う場合，前半で止めてグループで協議し，授業シーンのどこに問題があったか自分ならどうするかを話し合い，その後に後半を視聴するなどの活用方法が考えられる。

　省庁以外でも，教員や教育関係者が ICT 活用に関する授業等の検討ができるコミュニティを形成している例がある。たとえば，D-project（一般社団法人デジタル表現研究会が運営）は，2002年4月に発足してから，表現学習を中心に，思考ツールやプログラミング教育，国際交流，映像と言語を往復させた学習などのプロジェクトを展開したり，全国各地で ICT 活用や表現学習に関する授業づくりの勉強会やワークショップを行ったりしている（図11-8）。

　このようなコミュニティ・研究会は，教育委員会が主催・主導するもの，地

第11章 ICT を活用した授業づくり

図 11-8 D-project の Web サイト
(http://www.d-project.jp/)

域の教員で組織されるもの，地域を超えて教科・領域で進められるもの，D-project のような財団，法人が運営するものなど，多岐にわたる。

(2) 児童生徒のスキル向上

これまで，学校での ICT 環境は，実物投影機や電子黒板等の大型提示装置など教員が主に提示用で使う機器等の導入が多かった。しかし，タブレット端末環境の導入はこれを児童生徒が学習用で使う機器等の導入に移りつつある。

しかし，文部科学省が2018（平成30）年２月に公開した「平成28年度学校における教育の情報化の実態等に関する調査結果（概要）」によると，教員の ICT 活用指導力の５項目の中で，最近の７年間連続で最下位の項目が「児童の ICT 活用を指導する能力」である（図11-9）。つまり，自分自身が提示用などで使う分には良いが，タブレット端末等を児童が使うことの指導には自信がない，と読み取れる。

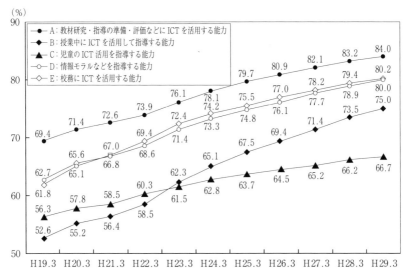

図 11-9 教員の ICT 活用指導力

　この解決には，児童生徒のスキル向上が必須である。ただし，ここで言うスキル向上とは，単に操作ができる，ということではない。操作ができるかどうかだけなら，ものの数十分もあれば，小学校3年生でも事足りる。そうではなくて，「流暢に活用できる力をつける」ということである。これは一朝一夕にはいかない。まず，そのツールへの経験が必要であり，使う頻度を高めていかなければならない。たまにしか使わないと，目新しさが取れず，いつまでも意識がツールそのものにいってしまう。長らく，様々なツールを体験し，さらにはその特徴について意識する（教師からすると「させる」）場面が何度もあるからこそ，目的や場面に応じたツールの適切な選択が児童生徒自らできるようになる。

（3）クラウドサービス活用のメリット
　最後に，今後タブレット端末などの教育用コンピュータの単価を抑えられていくと，クラウドサービスの活用の可能性が高くなると思われる。クラウド

サービスとは，総務省「国民のための情報セキュリティサイト」によると，「従来は利用者が手元のコンピュータで利用していたデータやソフトウェアを，ネットワーク経由で，サービスとして利用者に提供するもの」としている。これにより，自分の持っている様々な端末でいつでもどこでも，端末の容量を気にすることなくアクセスし，サービスを利用することができるようになった。

では，教育用クラウドサービス活用のメリットは何か？　3つの点をあげておきたい。

【メリット①】連続活用

クラウドは，いつでもどこでも連続活用できることに大きなメリットがある。授業内だけでなく，朝や放課後も，同じように使える。また，家庭においても，課題の続きを行ったり，学校で使うコンテンツを活用しながら予習をしたりすることもできる（図11-10）。

【メリット②】安全性

教員用コンピュータに児童生徒の学習データが入っていたり，児童生徒が家に学習用持ち帰りコンピュータに個人情報が入っていたりするときに，コンピュータや情報端末を紛失・故障した場合などに，おおごとになることもあるが，このようなデータの損失・流出への対応ができる。

【メリット③】負担軽減

利用容量の増減への対応も今までよりは簡単にできる。とくに，公立の学校ではICT活用が得意な情報担当リーダー教員が異動になった場合，次にICT活用が得意な担当者を決められず混乱する学校もある。各学校でクローズドに管理するよりも，様々な状況に対応できる。


経費の確保や設置に関する自治体のガイドラインの見直しや教員のスキルアップ，児童生徒の関わらせ方の見直しなど，課題も少なくないが，メリットも見据えながら徐々に進んでいくと考える。

| 特　徴 | 概　要 |
|---|---|
| 豊富な教育用コンテンツ | 動画教材，ドリル型教材，協働学習支援ツール，学習百科事典等，様々な教育用コンテンツが利用可能 |
| 複数 OS・ブラウザー対応 | 利用する情報端末の OS やブラウザーに関わらず，様々な教育用コンテンツが利用可能 |
| シングルサインオン | 一度のログインで様々な異なる教育用コンテンツが利用可能 |
| 掲示板（SNS）機能 | 教員と児童生徒，もしくは児童生徒同士がコミュニケーションをとるための機能。所属しているクラスやグループごとに掲示板を作成することも可能 |
| 学習ログ確認機能 | 教育用コンテンツを，クラスや児童生徒単位でどれだけ利用しているか確認することが可能 |
| 教育共有機能 | 教員が作成した教材をアップロードし，教員間で共有・活用することが可能 |
| 教育用コンテンツ購入機能 | 教育委員会や学校が新たな教育用コンテンツを購入可能 |
| ID 管理機能 | 教育クラウドプラットフォームへのログインに使用する ID，パスワード，学年，クラス，表示名等の情報を学校側で簡単に登録・削除・修正できる。ID をグループ化することも可能 |
| サポートサイト | マニュアルや利用許諾，ヘルプデスクへの連絡等，サポート情報を集約することで，簡単に利用することが可能 |

図 11 - 10　総務省「クラウド導入ガイドブック2016」より

第11章　ICT を活用した授業づくり

**参考文献**

NHK for School×タブレット端末活用研究プロジェクト（2017）NHK for School を
　タブレット端末で使おう！
　http://www.nhk.or.jp/school/tablet_kenkyu/（2017年11月 2 日取得）
杉江修治（2011）『協同学習入門――基本の理解と51の工夫』ナカニシヤ出版。
総務省（2016）「クラウド導入ガイドブック2016」
　http://www.soumu.go.jp/menu_news/s-news/01ryutsu05_02000076.html（2017年
　11月 2 日取得）
総務省（2013）「国民のための情報セキュリティサイト」
　http://www.soumu.go.jp/main_sosiki/joho_tsusin/security/index.html（2017年11
　月 2 日取得）
中央教育審議会（2016）「幼稚園，小学校，中学校，高等学校及び特別支援学校の学
　習指導要領等の改善及び必要な方策等について」（答申）
D-project サイト（2017）http://www.d-project.jp/（2017年11月 2 日取得）
文部科学省（2014）「学校教育―ICT を活用した教育の推進に資する実証事業」
　http://jouhouka.mext.go.jp/school/ict_substantiation/（2017年11月 2 日取得）
文部科学省（2017）「平成29年度学校における教育の情報化の実態等に関する調査結
　果」
文部科学省（2017）「小学校学習指導要領解説　総則編」
山田勉（1979）『教える授業から育てる授業へ』黎明書房。

---

**学習の課題**

(1)　授業でタブレット端末を活用するときのメリットは何だろうか。また，留意点
　は何だろうか。
(2)　あなたがある学校の情報担当リーダーだとしたら校内のあまり ICT 活用が得
　意ではない同僚にどのように ICT 活用を薦めるだろうか。

---

**【さらに学びたい人のための図書】**

中川一史・苑復傑編著（2017）『教育のための ICT 活用』放送大学教育振興会。
中川一史・山本朋弘・佐和伸明・村井万寿夫編著（2015）『タブレット端末を活用し
　た21世紀型コミュニケーション力の育成』フォーラム・A。
D-project 編集委員会（2014）『つなぐ・かかわる授業づくり：タブレット端末を活
　かす実践52事例』学研教育出版。

（中川一史・小林祐紀）

# 第12章 教育評価

## この章で学ぶこと

　評価を指導改善に生かす上で，目標準拠評価を重視することが有効である。ただし，目標に追い込む教育にならないために，目標に準拠しつつ目標にとらわれないことを意識すべきである。評価方法は，学力・学習の質的レベルに応じて設計するとよい。特に現代社会で求められる資質・能力を育成する上で，「使える」レベルの学力を評価し育成するパフォーマンス評価が有効である。パフォーマンス評価が提起する教育評価の新しいパラダイムは，「真正の評価」，「スタンダード準拠評価」，「学習としての評価」という３つのキーワードで捉えられる。これらを意識することで，より人間的で創造的な営みとして評価を捉え直していくことができるだろう。

## 1　教育評価の基本的な考え方

### （1）「評価」とは何か

　「評価」という言葉を聞いて何をイメージするだろうか。評価される子どもの立場からすると，テストされる，成績をつけられる，選別されるといった具合に，あまりいいイメージで語られることはないのではないだろうか。評価する側の教師にとっても，むしろ非教育的なもので，仕方なくやっているが，できればやりたくないものとして映っているのではないだろうか。

　評価という営みの出発点は，子どもの学習や学力を可視化することである。そして，そうして可視化された子どもの事実は，下記の２つの文脈で用いられることになる。一つは，深く確かな子ども把握に基づく実践の反省と改善である（指導改善のための教育評価）。もう一つは，通知表，内申書（調査書），入試，学校評価といった形で，子どもの変容・能力を誰も（子ども自身，保護者，地域

住民，入試で選考や選抜をする者，行政など）がわかる形で確認・証明することである（評定・説明責任のための教育評価）。

　評定や選抜といった文脈が注目されがちな評価であるが，教師としては，それを指導改善の文脈で捉えることで，子どもたちに確かな学びと学力を保障していく道具として，評価という営みを生かしていくことができる。そもそも，この内容を習得させたい，こういう力を育てたいといった願いやねらいをもって，子どもたちに目的意識的に働きかけたならば，それが達せられたかどうかという点に自ずと意識が向くだろう。評価的思考は，日々の教育の営みには内在しているのである。

　教育評価とは，教育という目標追求活動における部分活動であり，教育の過程，条件，成果などに関する様々な情報を収集し，それを目標に照らして価値づけを行い，教育活動の調整・改善を行う活動とまとめることができる。指導しているクラスのテストの点数が悪いとき，教師はしばしば子どもたちに対して，もっとがんばれと言う。しかし，見方を変えると，教師の側も，指導した子どもたちに悪い点数しか取らせることができなかったともいえる。「学習評価」に止まらない「教育評価」とは，「教育活動の評価」という意味であって，できないことを子どものみの責任にするのではなく，教師の指導，さらにはそれを規定している，カリキュラム，学校経営，教育政策といった教育環境や教育条件のあり方を問い直すものである。

　本章では，主に学力や学習の評価を軸にした指導改善のための評価のあり方について述べる。


## （2）目標に準拠した評価の意味

　2001（平成13）年の指導要録改訂において，相対評価から「目標に準拠した評価」（いわゆる絶対評価）に評価観が転換した。どんなに指導しようとも必ず「1」をつける子が存在するというように，相対評価では，悪い成績はその子の素質や努力の問題に帰着させられる。また，相対評価による子どもたちの序列化は，学校の選別・競争の場としての性格を強める。

これに対して，目標に準拠した評価では，悪い成績は教えた側の指導の問題としても捉えられ，教師や学校の教育活動の反省と，悪い成績を取った子どもへの支援が重視される。こうして，目標に準拠した評価は，先述の「教育評価」の考え方に基づいて，子どもの学力と発達を保障する場として，学校を機能させていくことにつながりうる。

　教師は授業を進めながらいろいろなことが「見える」し，見ようともしている（「見取り」）。しかし，授業中に熱心に聞いているように見えても，後でテストしてみると理解できていなかったりと，子どもの内面で生じていることは，授業を進めているだけでは見えず，そもそも授業を進めながらすべての子どもの学習を把握することは不可能である。さらに，公教育としての学校には，意識的に「見る」べきもの（保障すべき目標）がある。このように，教える側の責務を果たすために，すべての子どもたちについて取り立てて学力・学習の実際を把握したい時その方法を工夫するところに，「評価」を意識することの意味がある。そして，認定・選抜・対外的証明のために「評価」情報の一部が用いられるのが「評定」である。

　しばしばアクティブ・ラーニングや探究的な学びの評価は難しいという声を聞くが，それはそうした学びを通して育てたいものの中身，すなわち目標が具体的にイメージできないということが大きいのではないだろうか。また，目標が明確でないと，学びの過程を無限定に評価することになり，教師と子どもの応答的な関係で自然に見えているものを，「評価」だから客観性がないといけないと必要以上に証拠集めをしてみたり，評定のまなざしを持ち込んで，日常的な学びを息苦しくしたりすることにつながりかねない。指導と評価の一体化の前に，目標と評価の一体化を追求してみることが必要であり，学び丸ごと（子どもが学校外の生活も含めたどこかで学びえたもの）ではなく，目的意識的に指導したこと（学校で責任をもって意図的に教ええたこと）を中心に評価するということが重要である。

第12章　教育評価

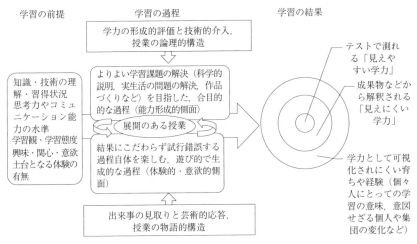

図12-1　学力形成と学習過程との関係

出典：筆者作成。

## （3）目標に準拠しつつ目標にとらわれない評価へ

　こうして目標に準拠した評価を重視する一方で，「ゴール・フリー評価」（目標にとらわれない評価）を考慮することも有効である。教育においては，常に教育者の意図をはみ出す部分が存在している。よって，目標からはみ出す成果や学びの意味をも明らかにすることで，教育活動の成果と課題を総合的に判断することができる。目標に準拠した評価を強調することは，教師が設定した目標に向けて子どもたちを追い込んでいくことを意味するものでは必ずしもない。

　教育目標や評価方法・評価基準の明確化は，見通しをもって計画的に教育実践を進める上で不可欠である。だが，教育目標は単元や授業を設計する際の仮説であって，子どもたちが授業過程に没入し，深く豊かな学習が成立している時，教育目標は教育実践を通じて軌道修正されたり，設定し直されたりする。そして，図12-1に示したように，遊び的・生成的な過程を含んで，授業がドラマ的に展開することによってこそ，学力として可視化されにくい育ちや経験も含んで，すそ野の広い真に発展性のある学力が形成される。目

215

標や計画なき実践は盲目的であるが，計画は計画すること自体に意味があるのであって，目標に準拠しつつ目標にとらわれない評価を志向することが有効だろう。

## 2  目標の明確化と評価方法の設計

### （1）学力・学習の三層構造

　指導改善に生きる評価のためには，目標を明確化し，適した評価方法を設計していくことが求められる。その際，学力・学習の質的レベルに注目することが有効である。ここにあげた3つの評価課題は，ともに「小数の乗法」という内容の習得状況を評価するものである。しかし，それぞれの評価課題が測っている学力の質には違いがあることがわかるだろう。

---

【問1】　35×0.8＝（　　　　）

【問2】　「計算が35×0.8で表わせるような問題（文章題）を作りましょう。」

【問3】　「あなたは部屋のリフォームを考えています。あなたの部屋は，縦7.2m，横5.4m，高さ2.5m の部屋です。今回あなたは床をタイルで敷き詰めようと考えています。お店へいったところ気に入ったタイルが見つかりました。そのタイルは，一辺が30cm の正方形で，一枚550円です。お金はいくら必要でしょうか。途中の計算も書いて下さい。」

---

　問1は，小数の乗法の演算技能が身についているかどうかを問う課題（「知っている・できる」レベル）であり，問2は，小数の乗法の意味を理解しているかどうかを問う課題（「わかる」レベル）である。そして，問3は，数学的に定式化されていない現実世界の問題を解く，知識・技能の総合的な活用力を問う課題（「使える」レベル）といえる。このように，教科内容に即した学力・学習の質的レベルは三層で捉えることができる（表12-1）。

　図12-2は，学力・学習の質の三つのレベルの相互関係を示したものである。すなわち，「知っている・できる」レベルの課題が解けるからといって，「わか

第12章 教育評価

表 12 - 1　学力・学習の質的レベルに対応した各教科の課題例

| | 国語 | 社会 | 数学 | 理科 | 英語 |
|---|---|---|---|---|---|
| 「知っている・できる」レベルの課題 | 漢字を読み書きする。文章中の指示語の指す内容を答える。 | 歴史上の人名や出来事を答える。地形図を読み取る。 | 図形の名称を答える。計算問題を解く。 | 酸素，二酸化炭素などの化学記号を答える。計器の目盛りを読む。 | 単語を読み書きする。文法事項を覚える。定型的なやり取りができる。 |
| 「わかる」レベルの課題 | 論説文の段落同士の関係や主題を読み取る。物語文の登場人物の心情をテクストの記述から想像する。 | 扇状地に果樹園が多い理由を説明する。もし立法，行政，司法の三権が分立していなければ，どのような問題が起こるか予想する。 | 平行四辺形，台形，ひし形などの相互関係を図示する。三平方の定理の適用題を解き，その解き方を説明する。 | 燃えているろうそくを集気びんの中に入れると炎がどうなるか予想し，そこで起こっている変化を絵で説明する。 | 教科書の本文で書かれている内容が把握でき，訳せる。設定された場面で，定型的な表現などを使って簡単な会話ができる。 |
| 「使える」レベルの課題 | 特定の問題についての意見の異なる文章を読み比べ，それらをふまえながら自分の考えを論説文にまとめる。そして，それをグループで相互に検討し合う。 | 歴史上の出来事について，その経緯とさまざまな立場の声を紹介し，その意味を論評する歴史新聞を作成する。ハンバーガー店の店長になったつもりで，駅前のどこに出店すべきかを考えて，企画書にまとめる。 | ある年の年末ジャンボ宝くじの当せん金と，1千万本当たりの当せん本数をもとに，この宝くじの当せん金の期待値を求める。教科書の問題の条件をいろいろと変えて発展的に問題をつくり，追究の過程と結果を数学新聞にまとめる。 | クラスでバーベキューをするのに一斗缶をコンロにして火を起こそうとしているが，うまく燃え続けない。その理由を考えて，燃え続けるためにどうすればよいかを提案する。 | まとまった英文を読んでポイントをつかみ，それに関する意見を英語で書いたり，クラスメートとディスカッションしたりする。外国映画の一幕をグループで分担して演じ，発表会を行う。 |

217

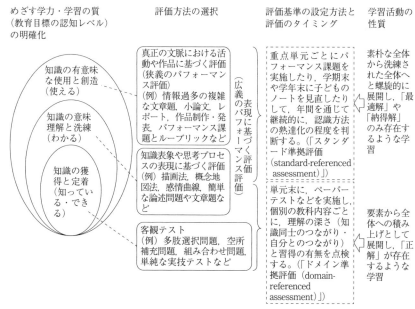

**図 12-2　学力・学習の質と評価方法との対応関係**
出典：石井（2012, 140頁）。

る」レベルの課題が解けるとは限らないし，「わかる」レベルの課題が解けるからといって，「使える」レベルの課題が解けるとは限らない。

　なお，「使える」レベルの円の中に「わかる」レベルや「知っている・できる」レベルの円も包摂されているという図の位置関係は，知識を使う活動を通して，知識の意味のわかり直しや定着も促されることを示唆している（機能的習熟）。漢字，元素記号，英単語について，その後の学習で繰り返し使うものはよく覚えているという具合である。こうして図 12-2 は，「基礎から積み上げていく学び」（知識を完全にマスターした上でそれを使う目的意識的な活動を行う）だけでなく，「基礎に降りていく学び」（目的意識的な活動をしながら必要に応じて知識を学ぶ）の道筋も示している。

第12章　教育評価

## （2）学力・学習の質的レベルに応じた評価方法の設計

　こうして目標となる学力・学習の質を明確化するとともに，それに応じて学力評価の方法を工夫していくことが重要となる。図12-2に示したように，「知っている・できる」レベルの評価においては，重要語句の穴埋め問題や選択問題などの客観テスト，および簡単な実技テストが有効である。

　「わかる」レベルの評価においては，学んだ内容を当てはめることで解ける適用問題はもちろん，「豆電球が光っている時，電流はどのように流れているのでしょうか」と問い，学習者のイメージや説明を自由に記述させたり（描画法），歴史上の出来事の因果関係を図示させてみたりして，学習者がどのように知識同士をつないでいて，内容に対するどのようなイメージを構成しているのか（知識表象）を表現させてみることなどが有効である。また，日々の授業で学習者に考えさせる際に，思考のプロセスや答えの理由をノートやワークシートに残させることも，学習者のわかり方やつまずきを把握する上で有効である。

　そして，「使える」レベルを評価する上で有効な方法として，後に詳述するパフォーマンス評価（Performance Assessment）をあげることができる。かつてブルーム（B. S. Bloom）が示した目標分類学では，問題解決にも，「適用（application）」（特定の解法を適用すればうまく解決できる課題）と「総合（synthesis）」（論文を書いたり，企画書をまとめたりと，これを使えばうまくいくという明確な解法のない課題に対して，学んだ知識を総動員して取り組まねばらない課題）の2つのレベルがあるとされている。多くの場合，日本の教科指導において応用問題は「適用」問題のレベルに止まる。「使える」レベルの学力を評価するパフォーマンス評価は，「総合」問題に相当するものである。

　従来の日本の教科指導で思考力の育成という場合，基本的な概念を発見的に豊かに学ばせ，そのプロセスで，内容習得に向かう思考力も育てるというものであった（「わかる」レベルの思考）。その一方で，上記のように，文脈に応じて持てる知識を総動員しながら他者とともに「正解のない問題」に挑戦するプロセス（「使える」レベルの思考）を子どもたち自身に経験させるという点では，

十分ではなかったと思われる。

　考える力，とくに「総合」問題の解決に必要な「使える」レベルの思考力の育成は，長期的な視野で考えねばならない。「使える」レベルの思考力を育てたいからといって，毎時間の授業で「総合」問題を実施する必要はない。「総合」問題は，単元末あるいは複数の単元を総括するポイントで取り組むようにするのが現実的かつ効果的である。学習の集大成（教科の実力が試される本物のゴール）として単元末や学期の節目に「総合」課題を設定するとともに，それに学習者が独力でうまく取り組めるために何を指導し形成的に評価しなければならないかを意識しながら，日々の授業では，むしろシンプルな課題を豊かに深く追求する「わかる」授業を組織することが肝要である。

## 3　パフォーマンス評価の基本的な考え方と方法

### （1）パフォーマンス評価とは何か

　近年，思考力・判断力・表現力等を評価する上で注目が集まっている，パフォーマンス評価について説明しておこう。パフォーマンス評価とは，一般的には，思考する必然性のある場面（文脈）で生み出される学習者の振る舞いや作品（パフォーマンス）を手がかりに，概念の意味理解や知識・技能の総合的な活用力を質的に評価する方法である。それは狭義には，現実的で真実味のある（「真正な（authentic）」）場面を設定するなど，学習者のパフォーマンスを引き出し実力を試す評価課題（パフォーマンス課題）を設計し，それに対する活動のプロセスや成果物を評価する，「パフォーマンス課題に基づく評価」を意味する。パフォーマンス課題の例としては，町主催のセレモニーの企画案を町の職員に提案する社会科の課題，あるいは，栄養士になったつもりで食事制限の必要な人の献立表を作成する家庭科の課題などがあげられる。

　またパフォーマンス評価という場合，広義には，授業中の発言や行動，ノートの記述から，子どもの日々の学習活動のプロセスをインフォーマルに形成的に評価するなど，「パフォーマンス（表現）に基づく評価」を意味する。「総合

的な学習の時間」の評価方法としてしばしば使用されるポートフォリオ評価法も，パフォーマンス評価の一種である。

　テストをはじめとする従来型の評価方法では，評価の方法とタイミングを固定して，そこから捉えられるもののみ評価してきた。これに対しパフォーマンス評価は，課題，プロセス，ポートフォリオ等における表現を手掛かりに，学習者が実力を発揮している場面に評価のタイミングや方法を合わせるものと言えよう。深く豊かに思考する活動を生み出しつつ，その思考のプロセスや成果を表現する機会を盛り込み，思考の表現を質的エビデンスとして評価していくのがパフォーマンス評価である（授業や学習に埋め込まれた評価）。

　近年，資質・能力をバランスよく評価するために，知識量を問うペーパーテストのみならず，パフォーマンス評価をはじめとする多面的・多角的な評価方法を用いていくことが求められている。そして，こうした評価改革は，「大学入学共通テスト」で記述式問題など思考力を問う問題を導入する，各大学の個別選抜でアドミッション・ポリシーに基づく多面的・総合的評価を確立・拡充するといった形で，高大接続・大学入試改革のレベルでも徹底されようとしている。パフォーマンス課題への取り組みや作品を，さらには総合学習での試行錯誤を含んだ息の長い学びの履歴を，ポートフォリオに蓄積し，それを個別選抜の資料とするといった具合に，教室での授業や学習に埋め込まれた評価を基にした接続システムを構築するには，人間の目による丁寧な選考のシステムを担う専門部署の設置，教室ベースの質的評価の妥当性・信頼性を支える教師の評価眼や評価リテラシーを育む研修の機会の充実など，「選抜」型（点数の序列による機械的な線引き）から「選考」型（大学が求めるものと学生が学んできたものとのマッチング）の高大接続システムの構築に向けた条件整備が望まれる。

## （2）ルーブリックとは何か

　パフォーマンス評価においては，客観テストのように，目標の達成・未達成の二分法で評価することは困難である。パフォーマンス課題への学習者の取り組みには多様性や幅が生じるため，教師による質的で専門的な解釈と判断に頼

**表 12 - 2　算数・数学に関する一般的ルーブリック（「方略，推理，手続き」）**

数学的問題解決の能力を，「場面理解」（問題場面を数学的に再構成できるかどうか），「方略，推理，手続き」（巧みに筋道立てて問題解決できるかどうか），「コミュニケーション」（数学的表現を用いてわかりやすく解法を説明できるかどうか）の三要素として取り出し，単元を超えて使っていく。ここでは「方略，推理，手続き」の部分のみを示している。

| | |
|---|---|
| 熟達者 | 直接に解決に導く，とても効率的で洗練された方略を用いている。洗練された複雑な推理を用いている。正しく問題を解決し，解決結果を検証するのに，手続きを正確に応用している。解法を検証し，その合理性を評価している。数学的に妥当な意見と結合を作りだしている。 |
| 一人前 | 問題の解決に導く方略を用いている。効果的な数学的推理を用いている。数学的手続きが用いられている。すべての部分が正しく，正解に達している。 |
| 見習い | 部分的に有効な方略を用いておるため，何とか解決に至るも，問題の十分な解決には至らない。数学的推理をしたいくつかの証拠が見られる。数学的手続きを完全には実行できていない。いくつかの部分は正しいが，正解には至らない。 |
| 初心者 | 方略や手続きを用いた証拠が見られない。もしくは，問題解決に役立たない方略を用いている。数学的推理をした証拠が見られない。数学的手続きにおいて，あまりに多くの間違いをしているため，問題は解決されていない。 |

出典：http://www.exemplars.com/rubrics/math_rubric.html

らざるをえない。よって，パフォーマンス評価では，主観的な評価にならないように，「ルーブリック（rubric）」と呼ばれる，パフォーマンスの質（熟達度）を評価する採点指針を用いることが有効となる。

　表12-2のように，ルーブリックとは，成功の度合いを示す3～5段階程度の数値的な尺度と，それぞれの尺度に見られる認識や行為の質的特徴を示した記述語から成る評価基準表のことをいう。また多くの場合，ルーブリックには各点数の特徴を示す典型的な作品事例も添付される。典型的な作品事例は，教師や学習者がルーブリックの記述語の意味を具体的に理解する一助となる。

　ルーブリックは，パフォーマンス全体を一まとまりのものとして採点する「全体的ルーブリック」としても作成できるし，一つのパフォーマンスを，複数の観点で捉える「観点別ルーブリック」としても作成できる。一般に，全体的ルーブリックは，学習過程の最後の総括的評価の段階で全体的な判断を下す際に有効で，他方，観点別のルーブリックは，パフォーマンスの質を向上させるポイントを明示するものであり，学習過程での形成的評価に役立てやすい。

認識や行為の質的な転換点を決定してルーブリックを作成する作業は，3，4名程度の採点者が集まり，一般的には下記のように進められる。① 試行としての課題を実行しできる限り多くの学習者の作品を集める。② 観点の有無や何段階評価かを採点者間で確認しておく。③ 各人が作品を読み採点する。④ 次の採点者にわからぬよう付箋に点数を記して作品の裏に貼り付ける。⑤ 全部の作品を検討し終わった後で全員が同じ点数をつけたものを選び出す。⑥ その作品を吟味しそれぞれの点数に見られる特徴を記述する。⑦ 点数にばらつきが生じたものについて，採点者間の観点等のズレを明らかにしつつ合意を形成する。

観点別で採点するか，何点満点で採点するかなどは状況に合わせて考えていけばよい。もちろん，表12-2のようなルーブリックのひな型や，他者が作成したルーブリックを使ったり，それまでの実践経験に基づく学習者の反応の予想をもとに教師一人でルーブリックを作成したりすることもできる。だが，そうした方法で作成されたルーブリックについては，その仮説としての性格を自覚し，実際の学習者の作品をもとに再検討されねばならない。その際，クラス間，学校間で類似の課題を用い，それぞれの実践から生まれてきたルーブリックと学習者の作品を持ち寄って互いに検討する作業（「モデレーション（moderation）」）は，ルーブリックの信頼性（比較可能性）を高める上で有効である。

## 4 パフォーマンス評価が提起する教育評価の新しいパラダイム

PDCA サイクルの強調など，成果主義や競争主義が強まっている現在，評価は，テストで測れる見えやすい成果に向けて，子どもたちの学習を点検する機械的な営みとして捉えられがちである。これに対して，パフォーマンス評価は，新しい評価の方法を提起するだけでなく，より人間的で創造的な営みとして評価を捉えなおす新しいパラダイムをも提起するものである。そうした教育評価の新しいパラダイムは，「真正の評価（authentic assessment）」，「スタンダード準拠評価（standards-referenced assessment）」，「学習としての評価（assessment as learning)」という３つのキーワードでとらえることができる。

## （1）評価の文脈の真正性と学力の質の追求

　パフォーマンス評価においては，評価の文脈の真正性が重視される（「真正の評価」の考え方）。たとえば，ドリブルやシュートの練習（ドリル）がうまいからといってバスケットの試合（ゲーム）で上手にプレイできるとは限らない。ところが，従来の学校教育では，子どもたちはドリル（知識・技能の訓練）ばかりして，ゲーム（学校外や将来の生活で遭遇する本物の，あるいは本物のエッセンスを保持した活動：「真正の学習（authentic learning）」）を知らずに学校を去ることになってしまっているのではないか。

　変化の激しい社会の中で学校教育に求められるようになってきているのは，知識・技能を総合して他者とともに協働的な問題解決を遂行する「真正の学習」の保障である。そして，そうした学習が自ずと生じるよう，「問題のための問題」（思考する必然性を欠いた不自然な問題）に陥りがちな，学校での学習や評価の文脈を問い直すことが求められている。

　ここで真正な文脈という場合，市民，労働者や生活者の実用的文脈のみに限定する必要はない。たとえば，科学的な法則を発見したり歴史上の真理を追究したりする課題のように，知的な発見や創造の面白さにふれる学者や専門家の学問的・文化的文脈も，真正な文脈といえる。つまり，学校の外の専門家や大人たちも追究に値すると認めるような，「教科する（do a subject）」ことを促す問いや課題を設定できるかどうかが問題なのである。

　真正の学習の多くは，正解が一つに定まらなかったり，定形化された解法がなかったりする。よって学習者は，問題解決にどの知識が有効か考え，必要な情報を収集し，他者とも協働しながら，型にとらわれずに問題場面とじっくりと対話することが求められる。またそこでは，時には教科書をも資料の一つとして思考の材料にしながら，持てる知識・技能を統合し，筋道立てて思考せねばならない。問題解決には多様な道筋が考えられるし，その状況での最適解を判断することが求められる。パフォーマンス評価は，真正の学習であることを

追求することによって，「使える」レベルの思考力を評価し育てうるのである。

## （2）人間の目で判断すべき知的・社会的能力の育ちを長期的に評価する

　パフォーマンス課題の遂行を支える知的・社会的能力の育成は，単元・領域横断的に長期的な視野で考えねばならない。「知識・技能」については，授業や単元ごとの指導内容に即した「習得目標」について，理解を伴って習得しているかどうか（到達・未到達）を評価する（項目点検評価としてのドメイン準拠評価）。一方，「思考・判断・表現」については，その長期的でスパイラルな育ちの水準を段階的な記述（「熟達目標」）の形で明確化し，重要単元ごとに類似のパフォーマンス課題を課すなどして，学期や学年の節目で，知的・社会的能力の洗練度を評価する（水準判断評価としてのスタンダード準拠評価）。

　たとえば，単元で学んだ内容を振り返り総合的にまとめ直す「歴史新聞」を重点単元ごとに書かせることで，概念を構造化・体系化する思考の長期的な変化を評価する。あるいは，学期に数回程度，現実世界から数学的にモデル化する思考を伴う問題解決に取り組ませ，思考の発達を明確化した一般的ルーブリックを一貫して用いて評価することで，数学的モデル化や推論の力の発達を評価するわけである。

　力試し的に「この問題」が解けたかどうか（思考の結果）を見るのではなく，「この手の問題」が解けるためにさらに指導が必要なこととは何なのか，どんな力を付けないといけないのかといった具合に，思考のプロセスに着目しながら子どもたちの思考の表現を解釈していくことが必要なのである。

　ドメイン準拠評価とスタンダード準拠評価という目標準拠評価の2つの形を念頭に置くと，「ルーブリック評価」という言葉に代表されるような，ルーブリックという表がまずありきで，それを当てはめて評価するというパフォーマンス評価の捉え方は本末転倒で，人間の判断がベースにあるということが再確認できるだろう。あるパフォーマンスを見たときに，そこに何を見てどのような点からそのようにレベルを判断したのか，専門家としての見えや判断を，他の人たちに見えるようにしていくために基準表を作成する，これが逆になって

はならない。水準判断評価としてのパフォーマンス評価の妥当性や信頼性を高めるということは、ルーブリック（表）を作成して終わりというのではなく、そうした基準表づくりや、その共有化の過程で、評価者の見る目を鍛え評価力を高めていくことにつながらねばならないのである。

　また、学力・学習の階層性も踏まえて考えると、どんな学習でもすべてルーブリックで評価する必要がないということがわかるだろう。「原稿用紙を正しく使える」といった、できたか・できないか（チェックリスト）で点検できる要素的な技能でも、ルーブリックの形で段階的な評価基準を作成するようなことになると、評価の煩雑化に陥る。「論争的な課題について自分の主張をまとめた論説文が書ける」（ゲーム：思考を伴う実践）のように、できたか・できないかで点検できない、議論の組み立ての論理性や論述の巧みさの程度などを、人間の目で判断するしかないときにこそ、ルーブリックを用いるわけである。ルーブリックは、「わかる」レベルの学習についても使うことはできるが、一番適しているのは、「使える」レベルの思考を伴う実践の評価においてなのである。ルーブリックを使うというのであれば、それを使うに値するような目標や内容や学習を目指しているかどうかを問うてみる必要がある。

## （3）評価を子どもや学校のエンパワメントと新たな学びの創発につなげる

　表12-3に示したように、近年の形成的評価の研究においては、教師が評価を指導改善に生かす（「学習のための評価」）のみならず、学習者自身が評価を学習改善に生かしたり、自らの学習や探究のプロセスの「舵取り」をしたりすることの意義が強調されている（「学習としての評価」）。

　深い学びを実現すべく、課題や活動を設計したとしても、実際に子どもたちが学習の深さを厳しく追求しようとするとは限らない。学びの深さは、子ども自身が学習をどう捉え、どのように学習過程をメタ認知的に自己調整しているかによって規定される。そして、そうした子どもの学習観や自己学習・評価の在り方は、彼らの教室での評価のされ方によって形作られる。評価課題の文脈が実生活に即したものになっていることは、そのこと自体が測ろうとしている

第12章　教育評価

表 12-3　教育における評価活動の三つの目的

| アプローチ | 目的 | 準拠点 | 主な評価者 | 評価規準の位置づけ |
|---|---|---|---|---|
| 学習の評価<br>(assessment **of** learning) | 成績認定，卒業，進学などに関する判定（評定） | 他の学習者や，学校・教師が設定した目標 | 教師 | 採点基準（妥当性，信頼性，実行可能性を担保すべく，限定的かつシンプルに考える。） |
| 学習のための評価<br>(assessment **for** learning) | 教師の教育活動に関する意思決定のための情報収集，それに基づく指導改善 | 学校・教師が設定した目標 | 教師 | 実践指針（同僚との間で指導の長期的な見通しを共有できるよう，客観的な評価には必ずしもこだわらず，指導上の有効性や同僚との共有可能性を重視する。） |
| 学習としての評価<br>(assessment **as** learning) | 学習者による自己の学習のモニターおよび，自己修正・自己調整（メタ認知） | 学習者個々人が設定した目標や，学校・教師が設定した目標 | 学習者 | 自己評価のものさし（学習活動に内在する「善さ」（卓越性の判断規準）の中身を，教師と学習者が共有し，双方の「鑑識眼」（見る目）を鍛える。） |

※振り返りを促す前に，子どもが自分の学習の舵取りができる力を育てる上で何をあらかじめ共有すべきかを考える。
出典：石井（2015）。

学力観を暗示しており，子どもたちの日々の学習を方向づけることになる。創造的な授業が育む本物の学力を把握するためだけでなく，そうした本物の学力を真に形成するためにも，授業改革は，評価の問い直しにまで至らなければならない。

　子ども自身が自らのパフォーマンスの善し悪しを判断していけるようにするには，授業後の振り返りや感想カード等により学習の意味を事後的に確認，納得するのでは不十分である。学習の過程において，目標・評価規準，および，それに照らした評価情報を，教師と学習者の間で共有すること，それにより目標と自分の学習状況とのギャップを自覚し，それを埋めるための改善の手立てを学習者自らが考えるのを促すことが必要となる。作品の相互評価の場面で，

227

また日々の教室での学び合いや集団討論の場面で，よい作品や解法の具体的事例に則して，パフォーマンスの質について議論する（学習者の評価力・鑑識眼を肥やす機会をもつ）。そして，どんな観点を意識しながら，どんな方向を目指して学習するのかといった各教科の卓越性の規準を，教師と学習者の間で，あるいは学習者間で，教師が想定した規準自体の問い直しも視野に入れて，対話的に共有・共創していくわけである。

　試合，コンペ，発表会など，現実世界の真正の活動には，その分野の実力を試すテスト以外の舞台（「見せ場（exhibition）」）が準備されている。パフォーマンス評価のポイントの一つは，こうしたテスト以外の「見せ場」を教室に創り出すことにある。教師やクラスメート以外の聴衆（他学年の子ども，保護者，地域住民，専門家など）の前で学習の成果を披露し，教室外のプロの規準でフィードバックを得る機会が設定されることで，学習者の責任感と本気の追究が引き出されるとともに，そこでプロの規準（その分野の活動のよさの規準）を学ぶことで，教師から価値づけられなくても，学習者が自分自身で自律的に学習を進めていくことや，教師の想定や目標の枠を超えた「学び超え」も可能になるだろう。

　子どもに関する情報の収集とその価値づけに関わる「評価」という営みは，教育における権力の源泉であり，学校組織における知識マネジメントの要でもある。それゆえ，「評価」は，管理や効率性追求の道具として機能させれば，教師や子どもの自律性や共同性を阻害する要因となる。一方で，そこにメスを入れることで，「評価」は，教師や子どものエンパワメントを促すことにもつながりうるし，学校教育への信頼や，子どもの学習の事実を中心に据えた大人たちの対話と共同的関係（「社会関係資本（social capital）」）を生み出す力にもなる。そして，そうした，子ども，教師，保護者，地域住民の参加と共同を通して教育の質を追求していくような評価であってこそ，成果志向の改革は，テストで測れる見えやすい学力の量的向上と一過性の学校改変（結果主義）ではなく，見えにくい育ちも含めた学力の質の追求と持続的な学校改善（実質主義）につながりうる。

「評価」というと，個人の能力の形成を合理的・直接的に実現するものととらえられがちであるが，それは新たなつながりや共同を生み出すことで間接的に個を育てるという側面も持つ。探究的な学びの成果や過程をポスター発表したり，ドキュメント風に動画でまとめて公開したり，子どもの作文を学級のエピソードも交えて学級通信にまとめたり，宛名（オーディエンス）を伴った「見せ場」として評価をデザインすることは，子どもの学びを中心にしたつながりや共同体を形成していくことにつながりうる。評価の結果をただ記録や成果物として可視化し報告するだけでなく，作品づくりとして，意味ある表現活動としてもデザインすることで，子どもの学びをめぐって対話が起こり，人々の思考やコミュニケーションが触発され，そこから新しい価値が創発され人々がつながっていく。学びの共有がさらなる学びやつながりを生み出すわけである（閉じた反省的なプロセスから開かれた創発的なプロセスとしての形成的評価へ）。

一般に評価については，妥当性と信頼性といった概念で，測りたいものを正確に測れているか（把握の仕方）が問題とされるが，評価それ自体が新たな学びの機会やつながりや価値を生み出す未来志向的で価値創造的な営みとなる上では，触発性や創発性をもつよう，評価対象である学びの切り取り方や共有の仕方（見せ方）も考慮すべきであろう。

**参考文献**

東洋（2001）『子どもの能力と教育評価（第二版）』東京大学出版会。

石井英真（2015）『今求められる学力と学びとは——コンピテンシー・ベースのカリキュラムの光と影』日本標準。

石井英真（2015）『増補版・現代アメリカにおける学力形成論の展開』東信堂。

G・ウィギンズ／J・マクタイ，西岡加名恵訳（2012）『理解をもたらすカリキュラム設計——『逆向き設計』の理論と方法』日本標準（原著2005年）。

梶田叡一（2010）『教育評価（第2版補訂2版）』有斐閣。

C・ギップス，鈴木秀幸訳（2001）『新しい評価を求めて——テスト教育の終焉』論創社。

鈴木秀幸（2013）『スタンダード準拠評価——「思考力・判断力」の発達に基づく評価基準』図書文化。

田中耕治（2008）『教育評価』岩波書店。

田中耕治・西岡加名恵・石井英真編（2015）『新しい教育評価入門』有斐閣。

西岡加名恵（2016）『教科と総合学習のカリキュラム設計——パフォーマンス評価をどう活かすか』図書文化。

根津朋美（2006）『カリキュラム評価の方法——ゴール・フリー評価論の応用』多賀出版。

（学習の課題）

(1)　目標に準拠した評価についてディスカッションし，その意義と課題をまとめてみよう。参考文献などを手がかりに，目標にとらわれない評価のあり方についても調べてみよう。

(2)　一つの単元を取り上げて，学力・学習の質の3つのレベル（「知っている・できる」「わかる」「使える」）に対応する評価方法を考えてみよう。

(3)　パフォーマンス課題とルーブリックを作成して持ち寄り，「真正の評価」「スタンダード準拠評価」「学習としての評価」という視点で再検討してみよう。

【さらに学びたい人のための図書】

田中耕治・西岡加名恵・石井英真編（2015）『新しい教育評価入門』有斐閣。
　　　⇨教育評価の基本的な概念を概説しながら，最新の動向や実践事例の紹介も盛り込まれており，全体像を把握できる。

石井英真（2015）『今求められる学力と学びとは』日本標準。
　　　⇨現代社会が求める学力と学びの中身，および，それを実現する授業や評価のあり方が示されている。

西岡加名恵（2016）『教科と総合学習のカリキュラム設計——パフォーマンス評価をどう活かすか』図書文化。
　　　⇨パフォーマンス課題の作り方やそれを生かした単元設計，そして，ポートフォリオ評価法について発展的に学べる。

（石井英真）

# 索　引

（＊は人名）

## A-Z

ARCS モデル　53
CBT　173
DeSeCo　2
eLESSER　94
ICT 活用　93
ICT 活用指導力　173
KDKH モデル　63
Learning 1.0　59
Learning 2.0　59
Learning 3.0　59
Lesson Study　81, 97
Lesson Note　95
Lifelong Kindergarten（LLK）グループ　73
MACITOモデル　159
MOOC　171
NHK for School　185, 199
PBL　158
PDCA サイクル　223
RTV（Real Time Video）　67
Scratch　73
The Teaching Gap　96
TKF モデル　67

## ア　行

アートとしての教育技術　102
アクション・リサーチ　81, 83, 88
アクティブ・ラーニング　154
憧れの最近接領域　75
アフォーダンス　66
イタリアンミールモデル　71
一時一指示の原則　109
一体的学校改革　38
一般的ルーブリック　222
意図的指名　110
イメージ検証授業　128
入口　44

インストラクショナルデザイン（ID）　40
＊ヴィゴツキー，L. S.　75
運動技能　48
大型提示装置　172
＊オークス，J.　7

## カ　行

拡散的好奇心　140
学習環境　58
学習環境デザイナー　62
学習環境デザイン　59
学習指導案　104
学習者主体の学習　136
学習者中心　35
学習としての評価　223, 226, 227
学習のための評価　226, 227
学習の評価　227
学習ピラミッド　137
学習目標　42, 60
学力　215
学力・学習の質的レベル　216, 217, 219
隠れ指示　108
仮説実験授業　126, 128
課題発見解決型学習　146
学校放送番組　171, 185
カード構造化法　90
＊ガードナー，H.　131
＊ガニェ，R.　47
カリキュラム・マネジメント　14, 22, 34
鑑識眼　228
観点別ルーブリック　222
関連性　54
キーコンピテンシー　2
機械的学習　129
机間指導　110
技術の合理性　113
技術の熟達者　83, 113
機能的習熟　218

231

客観テスト 218, 219
＊キャロル，J. 56
既有知識 121
キューブ 68
教育技術 100
教育内容 43
教育評価 212, 213, 214
教育方法の代替案 52
教育目標 215
教員の ICT 活用指導力のチェックリスト 173
教化する（do a subject） 224
狭義のパフォーマンス評価 218
教師の「みえ」 92
教授・学習過程 169
教授メディア 170, 175
協調自律学習の評価 164
協調自律的な学習 156
協同的自信（joint confidence） 75
9教授事象 49
＊グリーンバーグ，D. 137
経験のフロアー 64
形成的評価 36, 215, 226, 229
＊ケラー，J. 53
言語情報 47
建設的相互作用 27
コア・リフレクション 114
行為についての省察（Reflection-on-Action）
70
行為の中の省察 69, 113
効果 41
合格基準 45
広義のパフォーマンス評価 218
高大接続 221
校内授業研究 81, 83, 97
効率 41
コーディング 74
ゴール・フリー評価（目標にとらわれない評価） 215
誤概念 123
固定的知能観（entity theory） 60
固定的マインドセット（Fixed Mindset） 61
＊コルトハーヘン，F. A. J. 114

コンストラクショニズム（Constructionism） 73

サ 行

サドベリー・バレー・スクール 137
ジグソー学習 157
思考・判断・表現 225
思考スキル 180
思考スタイル 138
思考する必然性 220, 224
思考ツール 180
事後テスト 46
指示 108
資質・能力（コンピテンシー） 61
自信 54
事前テスト 46
視聴覚教育 176
実践コミュニティ 66
「知っている・できる」レベル 216, 217
実物投影機 172
指導改善のための教育評価 212
指導と評価の一体化 214
社会関係資本（social capital） 228
社会構成主義 70
社会情動的スキル 59
社会的構成主義 25
習熟度別少人数指導 5
習得目標 225
終末（まとめ） 105
主観カメラ 93
授業 104
授業観察 96
授業研究 81
授業構成検討シート 51
授業の構造の分析 87
授業のコミュニケーション分析 83
授業リフレクション 89
熟達目標 225
主体的・対話的で深い学び 24, 29, 105, 153
受容学習 129
情報活用能力 173, 175, 180
情報活用能力調査 178

232

索　引

情報モラル教育　182
＊ショーン，D. A.　69, 83, 113
真正の学習　224
真正の評価　223, 224
信頼性　226, 229
信頼性（比較可能性）　223
垂直思考　147
水道方式　133
水平思考　147
＊スカーダマリア，M.　36
スキーマ　121
スキャニング・テレビジョン　184
スタンダード準拠評価　218, 223, 225
＊スタンバーグ，R. J.　138
整合性　43
省察　83
省察的実践家　83
成績目標（performance goal）　60
成長的な知能観（incremental theory）　60
成長的マインドセット（Growth Mindset）　61
絶対評価　213
説明　107
セルラーモデル　197
全国学力・学習状況調査　3
全体的ルーブリック　222
前提テスト　46
総合（synthesis）　219
総合的な学習の時間　147
創造的な学びのための螺旋モデル（Creative Learning Spiral）　75
相対評価　213
素朴概念　123

タ　行

大学入学共通テスト　221
対象者　44
態度　48
対話的な学び　156
＊タークル，S.　66
多重知能理論　131
妥当性　226, 229
タブレット端末　175, 182, 197

玉ねぎモデル　114
チーム学習　158
＊チクセントミハイ，M.　74
知識　119
知識・技能　225
知識中心　35
知的・社会的能力　225
知的技能　47
知的好奇心　139
注意　54
中心発問　107
通知表　212
「使える」レベル　216, 217, 218, 225
ティームティーチング　7
定型的熟達者　28
適応的熟達者　28
適用（application）　219
出口　45
デジタル教科書　176, 177
展開　105
＊ドゥエック，C.　60
動機付け分析シート　55
導入　105
特殊的好奇心　140
閉じた反省的なプロセス　229
ドメイン準拠評価　218, 225

ナ　行

内申書（調査書）　212
＊西之園晴夫　159
21世紀型スキル　175
認知的方略　48

ハ　行

＊波多野誼余夫　25
発達の最近接領域　75
発達の段階　16
発展的な学習　9
発問　106, 149
＊パパート，S.　66
パフォーマンス（表現）に基づく評価　220
パフォーマンス課題　220, 221

233

パフォーマンス課題に基づく評価　220
パフォーマンス評価　219, 220, 221, 223
反省的実践家　113
評価　42, 212, 214, 228
評価条件　45
評価中心　35
評定　214
評定・説明責任のための教育評価　213
開かれた創発的なプロセス　229
＊ファデル，C.　61
付加的学校改革　37
＊ブランスフォード，J. D.　34, 121
＊ブルーム，B. S.　47, 219
プレイフルラーニング　76
フロー（flow）　74
プログラミング　185
プログラミング教育　194
プログラミング的思考　67
変容的評価　36
放課後補充学習　7
ポートフォリオ評価法　221
補充的な学習　9

マ　行

待ち時間　88
学び続ける教員　166
学びのすすめ　4
学びのデザイナー　76
学びへのプレイフル・アプローチ　76
マルチメディア教材　176
満足感　54

見えやすい学力　215
見取り　214, 215
＊三宅なほみ　27
ミューズ学習　181
魅力　41
＊メーガー，R.　43
メタ学習　61
メタフロアー　64
メディア・ミックス　176
メディア・リテラシー教育　183, 184
目標行動　45
目標と評価の一体化　214
目標に準拠した評価　213, 214, 215
目標分類学　219
モデレーション（moderation）　223

ヤ　行

有意味学習　129
融合的学校改革　37
4 Ps　73

ラ　行

ラーニングデザイン　76
ルーブリック　165, 221-226
＊レヴィン，K.　88
＊レズニック，M.　73

ワ　行

「わかる」レベル　216, 217, 218
ワークショップ　58
ワールド・カフェ　157

## 監修者

原　清治　（佛教大学副学長・教育学部教授）

春日井敏之　（立命館大学大学院教職研究科教授）

篠原正典　（佛教大学教育学部教授）

森田真樹　（立命館大学大学院教職研究科教授）

## 執筆者紹介（所属，執筆分担，執筆順，＊は編者）

＊篠原正典　（佛教大学教育学部）第1・7・8章

益川弘如　（聖心女子大学現代教養学部教育学科）第2章

根本淳子　（明治学院大学心理学部）第3章

鈴木克明　（武蔵野大学響学開発センター）第3章

上田信行　（同志社女子大学名誉教授）第4章

姫野完治　（北海道教育大学大学院教育学研究科）第5章

＊荒木寿友　（立命館大学教職研究科）第6章

古田紫帆　（大手前大学国際日本学部）第9章

堀田龍也　（東北大学大学院情報科学研究科，東京学芸大学大学院教育学研究科）
　　　　　第10章第1節，第2節

佐藤和紀　（信州大学学術研究院教育学系）第10章第3節

中川一史　（放送大学教養学部）第11章第1節・第3節

小林祐紀　（茨城大学教育学部）第11章第2節

石井英真　（京都大学大学院教育学研究科）第12章

編著者紹介

篠原　正典（しのはら・まさのり）

1954年　生まれ。
現　在　佛教大学教育学部教授
主　著　『教育実践研究の方法』（単著）ミネルヴァ書房，2016年。
　　　　『新しい教育の方法と技術』（共編著）ミネルヴァ書房，2012年。

荒木　寿友（あらき・かずとも）

1972年　生まれ。
現　在　立命館大学教職研究科准教授
主　著　『学校における対話とコミュニティの形成──コールバーグのジャスト・コミュニティ実践』（単著）三省堂，2013年。
　　　　『ゼロから学べる道徳科授業づくり』（単著）明治図書出版，2017年。

新しい教職教育講座　教職教育編⑩
教育の方法と技術

2018年 3 月31日　初版第 1 刷発行　　　　　　　〈検印省略〉
2024年 2 月10日　初版第 5 刷発行

定価はカバーに
表示しています

監 修 者　　原　清治／春日井敏之
　　　　　　篠原正典／森田真樹
編 著 者　　篠原正典／荒木寿友
発 行 者　　杉　田　啓　三
印 刷 者　　坂　本　喜　杏

発行所　株式会社　ミネルヴァ書房
607-8494　京都市山科区日ノ岡堤谷町 1
電話代表　(075)581-5191
振替口座　01020-0-8076

© 篠原・荒木ほか，2018　冨山房インターナショナル・吉田三誠堂製本

ISBN 978-4-623-08193-6

Printed in Japan

## 新しい教職教育講座

原 清治・春日井敏之・篠原正典・森田真樹 監修

### 全23巻

（A 5判・並製・各巻平均220頁・各巻2000円（税別））

### 教職教育編

① 教育原論 　　　　　　　　　　　山内清郎・原 清治・春日井敏之 編著
② 教職論 　　　　　　　　　　　　　　久保富三夫・砂田信夫 編著
③ 教育社会学 　　　　　　　　　　　　　　原 清治・山内乾史 編著
④ 教育心理学 　　　　　　　　　　　　神藤貴昭・橋本憲尚 編著
⑤ 特別支援教育 　　　　　　　　　　　　原 幸一・堀家由妃代 編著
⑥ 教育課程・教育評価 　　　　　　　　　細尾萌子・田中耕治 編著
⑦ 道徳教育 　　　　　　　　　　　　　荒木寿友・藤井基貴 編著
⑧ 総合的な学習の時間 　　　　　　　　森田真樹・篠原正典 編著
⑨ 特別活動 　　　　　　　　　　　　　　中村 豊・原 清治 編著
⑩ 教育の方法と技術 　　　　　　　　　篠原正典・荒木寿友 編著
⑪ 生徒指導・進路指導 　　　　　　　　春日井敏之・山岡雅博 編著
⑫ 教育相談 　　　　　　　　　　　　春日井敏之・渡邉照美 編著
⑬ 教育実習・学校体験活動 　　　　　　　小林 隆・森田真樹 編著

### 教科教育編

① 初等国語科教育 　　　　　　　　　　井上雅彦・青砥弘幸 編著
② 初等社会科教育 　　　　　　　　　　　中西 仁・小林 隆 編著
③ 算数科教育 　　　　　　　　　岡本尚子・二澤善紀・月岡卓也 編著
④ 初等理科教育 　　　　　　　　　　　山下芳樹・平田豊誠 編著
⑤ 生活科教育 　　　　　　　　　　　　鎌倉 博・船越 勝 編著
⑥ 初等音楽科教育 　　　　　　　　　　　　　高見仁志 編著
⑦ 図画工作 　　　　　　　　　　　　波多野達二・三宅茂夫 編著
⑧ 初等家庭科教育 　　　　　　　　　　三沢徳枝・勝田映子 編著
⑨ 初等体育科教育 　　　　　　　　　　石田智巳・山口孝治 編著
⑩ 初等外国語教育 　　　　　　　　　　　　　湯川笑子 編著

――― ミネルヴァ書房 ―――
https://www.minervashobo.co.jp/